本书是教育部高校思想政治理论课教师研究专项一般项目（项目批准号：23JDSZK074）、中国高等教育学会"2023年度高等教育科学研究规划课题"（项目批准号：23XS0408）成果之一。

文以载道，教以传道

以中华优秀传统文化培育拔尖创新人才的路径研究

侯顺 著

Literature Carries the Way, and Education Spreads the Way

The Path of Cultivating Talents through Traditional Culture

中国社会科学出版社

图书在版编目（CIP）数据

文以载道，教以传道：以中华优秀传统文化培育拔尖创新人才的路径研究／侯顺著 .—北京：中国社会科学出版社，2024.6
ISBN 978 - 7 - 5227 - 3409 - 5

Ⅰ.①文⋯　Ⅱ.①侯⋯　Ⅲ.①中华文化—关系—人才培养—研究—中国　Ⅳ.①C964.2

中国国家版本馆 CIP 数据核字（2024）第 073650 号

出 版 人	赵剑英
责任编辑	宋燕鹏
责任校对	李　硕
责任印制	李寡寡

出　　版	中国社会科学出版社
社　　址	北京鼓楼西大街甲 158 号
邮　　编	100720
网　　址	http://www.csspw.cn
发 行 部	010 - 84083685
门 市 部	010 - 84029450
经　　销	新华书店及其他书店

印　　刷	北京明恒达印务有限公司
装　　订	廊坊市广阳区广增装订厂
版　　次	2024 年 6 月第 1 版
印　　次	2024 年 6 月第 1 次印刷

开　　本	710×1000　1/16
印　　张	10.5
字　　数	151 千字
定　　价	58.00 元

凡购买中国社会科学出版社图书，如有质量问题请与本社营销中心联系调换
电话：010 - 84083683
版权所有　侵权必究

前　言

中华文化领时代风气之先，有包容万物之量，含根脉本源之力，关乎国本、国运。文脉如水，激荡古今滋润人心，中华儿女当思承文脉之绵延，启未来之华章。

当下谈到文化繁荣和文化创新，更容易与文化产业、文化生产、文化市场等经济领域相联系，然而，无论是生产还是产业，无论是市场还是经济，文化归根结底是作用于人，通过人的思维和行动来发挥影响和改变社会的作用，这与教育的过程不谋而合。

文化与教育相伴而生、相随而长，互为前提，互相砥砺。一方面，文化为教育提供资源和环境；另一方面，教育是文化传承创新发展的重要途径。文化传承和人才培养同为现代大学的重要职能，也是引领和支撑高校高质量发展的重要保障。

那么，文化这种不可触摸的精神力量，究竟有怎样的魔力？是如何在人们认识世界、改造世界的过程中转化为可见的物质力量？那些优秀的传统文化又是如何成为驱策个体生命砥砺前行的精神动力？这种精神力量运用于当下的人才培养中能获得怎样的效果？

想要回答这些问题，首先得厘清中华优秀传统文化的内容，还要去高校的人才培养实践案例中探寻其踪迹，才能看清文以载道、教以传道的过程。

目　录

第一章　中华优秀传统文化概述 …………………………（1）
 第一节　中华优秀传统文化的基本内涵 ………………（1）
 第二节　中华优秀传统文化的主要特征…………………（14）
 第三节　中华优秀传统文化的"化人"与"育人"………（22）

第二章　中华优秀传统文化的历史传承与当代价值……（30）
 第一节　中华优秀传统文化的历史传承…………………（30）
 第二节　中华优秀传统文化的当代价值…………………（36）
 第三节　推动中华优秀传统文化创造性转化和创新性
    发展……………………………………………（45）

第三章　地方优秀传统文化与高校拔尖创新人才培养…………（53）
 第一节　湖北省文化资源特色与价值……………………（53）
 第二节　高校文化建设与拔尖创新人才培养……………（58）
 第三节　以教育家精神助推湖北高校文化育人…………（71）

第四章　耕读文化育人的理论研究与实践案例…………（79）
 第一节　华中农业大学校史中的耕读精神………………（79）
 第二节　耕读文化育人的价值及实施困境………………（85）

第三节 耕读"四融合"培养体系构建与实践 …………（95）

第五章 农业科学家精神育人的理论研究和实践探索 ………（108）
第一节 农业科学家精神特质和育人价值 …………（108）
第二节 农业科学家精神育人瓶颈和策略 …………（113）
第三节 农业科学家精神育人的实践探索 …………（117）

第六章 "知行合一"思想育人的理论与实践 ……………（134）
第一节 "知行合一"思想与其教育指引 ……………（134）
第二节 产教融合协同培养研究生的现实困境 …………（138）
第三节 "四循环"人才培养模式的改革与实践 ………（143）

主要参考文献 ………………………………………（158）

第一章　中华优秀传统文化概述

文化是一个民族的血脉和灵魂，是社会文明程度和发展水平的重要标志，也是人民的精神家园。中华优秀传统文化凝练了中华民族五千多年来的精神追求，作为中华民族的文化身份与民族标识，也是重要的国家战略资源，以及推动中国式现代化进程的根本性力量。

教育是使人不断完善的过程，被视为人类最基本的文化活动之一；同时，作为精神生产的文化也是教育传承的重要内容，高等教育的职能之一就是文化的传承与创新。文化与教育处于相互包含、相互作用、相互交融的关系状态，中华民族伟大复兴和中华文明的现代化建设需要文化和教育的互促共进。

第一节　中华优秀传统文化的基本内涵

一　有关概念界定及关系辨析

（一）文化、传统、传统文化、文化传统等概念辨析

1. 文化

文化是一个非常广泛和最具人文意味的概念，对文化概念的

解读和分析一直众说纷纭。据统计，有关"文化"的各种不同的定义至少有二百多种。自20世纪初以来，各学科的学者如语言学家、哲学家、历史学家等一直不懈努力，试图从各自学科的角度来界定文化的概念，但迄今为止仍没有获得一个公认的、令人满意的定义。

文化在字典中的定义是"人类在社会历史发展过程中所创造的物质财富和精神财富的总和，特指精神财富，如文学、艺术、教育、科学等"[①]。马克思和恩格斯则从实践的角度出发，认为"文化的内涵千变万化，但总有其本质不会改变，并且与人的意识活动、生命活动成为统一的整体"[②]。马克思和恩格斯认为，实践的发展促进了人类文化现象的产生和发展变迁，文化以一种精神和思想的形式指导着人类实践的进行，实践活动不断开展和进步又对文化的传播和发展起到了促进作用，两者相互促进。在此基础上，有学者进一步提出，"文化是一个动态的、开放的、不断演进以至变革的过程，永无止境"[③]。还有学者从词源角度来解读，比如，英文中的文化"culture"来自拉丁文的"cultura"，原意是"耕作、教养、修习"等，主要指人对自然物的加工和改良，后来延伸出人通过自身努力而摆脱自然状态的意义。

文化定义多，分类标准也很多。比如，按时间分为传统文化、近代文化、现代文化和当代文化；按来源分为民族文化和外来文化；按层次分为高级文化、大众文化和深层文化；按文化的内部结构分为物态文化、制度文化、行为文化和心态文化；按对

[①] 中国社会科学院语言研究所词典编辑室编：《现代汉语词典》，商务印书馆2008年版，第1427页。

[②] 《马克思恩格斯全集》第42卷，中共中央马克思恩格斯列宁斯大林著作编译局编译，人民出版社1979年版，第128页。

[③] 路日亮主编：《现代化理论与中国现代化》，宁夏人民出版社2007年版，第426页。

象分官方文化、精英文化、大众文化和民俗文化；按内容分为物质文化、非物质文化、精神文化、社会文化、艺术文化、科技文化、生活文化或者信息文化、行为文化和成就文化，以及分为宏观文化、组织文化、亚文化、微观文化等。

2. 传统

传统是"世代相传、具有特点的社会因素，如文化、道德、思想、制度等"[①]。

由此可见，传统具有历史性、继承性、社会性等特点，是经过一定时间沉淀下来的，能够对社会生活产生影响的因素。传统不仅是一些物质的静态存在，同时也是动态的存在，其价值在于虽然传统是历史性沉淀，但对当下社会或人们心理依然能够产生无形的影响。

3. 传统文化

传统文化是传统的文化，侧重于文化，是相对于现当代文化和外来文化而言的。因此，传统文化，从时间上看，产生于过去，带有过去时代的特征和烙印，是历代存在过的物质的、精神的和制度的文化实体和文化意识。中华传统文化历史悠久、世代相传，极具民族特色。世界各地、各民族都有自己的传统文化，例如民族服饰、生活习俗、古典诗文、忠孝观念等，通常也被称为文化遗产。

4. 文化传统

文化传统是文化的传统，侧重于传统，是相对于思想传统、艺术传统、道德传统等其他社会因素而言的，是文化领域里世代相传具有特点的民族的集体意识和集体无意识，也是民族精神。

---

① 中国社会科学院语言研究所词典编辑室编：《现代汉语词典》，商务印书馆2008年版，第210页。

世界各国、各民族的历史发展各异,文化传承不同,文化沉淀和文化传统也就不尽相同,但都深刻影响着本国社会生活和人民的行为方式。

5. 中华传统文化

有学者认为,中华传统文化是"以中华民族为创作主体,于清晚期以前,在中国这块土地上形成和发展起来的,具有鲜明特色和稳定结构的、世代传承并影响整个社会历史的宏大的古典文化体系"[①]。但一般认为,20世纪20年代末的新文化运动开启了中国传统文化现代化进程。有学者认为,中华传统文化应该从20世纪初中国新文化运动之前的中华文化算起[②]。从地域维度来看,中华传统文化区别于外来文化,是由中华民族在中国的土地上创造、积淀和传承的文化,是中华民族上下五千年历史发展中产生的各种文化思想观念等的总和。中国传统文化主要由儒、释、道三家文化为主流组成,三家文化为国人提供了立身处世的道德准则、思想观念和行为规范,以儒、释、道家为内核形态及最终的精神归宿。在儒、释、道三家文化基础上派生出的各种艺术,是其具体表现形式,包括中华经典诗词歌赋、琴棋书画、骈文、辞赋及散文等多种形式。

6. 中华优秀传统文化

中华民族具有悠久的文明历史,中华文明是从未间断、一直延续至今的文明。中国古代物质文明和精神文明丰富多彩、灿烂辉煌,古代中国的哲学思想博大精深,典籍文献浩如烟海,文学艺术高峰迭起,产生了许多杰出的政治家、军事家、思想家、教

---

① 赵洪恩、李宝席主编:《中国传统文化通论》,人民出版社2003年版,第6页。
② 李辰洋、魏俊琰:《意义、问题与路径:传统文化的现代化发展》,《文化与传播》2018年第2期。

育家、科学家、文学家和艺术家,还产生了很多民族英雄和革命领袖,经济发展和科学技术长期处于世界领先地位,取得了许多让世人惊叹的成就。传统文化丰富多彩,中华优秀传统文化则是传统文化中的精华、最富生命力、最先进的部分,是中华文明成果根本的生命力和创造力所在,是民族历史上各种先进的道德传承、文化思想、精神观念形态的总体。

(二) 三组关系辨析

1. 传统文化与文化传统的关系

一个民族的传统与其文化密不可分。离开了文化,无从积淀成传统;没有了传统,也不成其为民族的文化。传统文化与文化传统是文化研究中出现频率较高、语义相近的两个词,也是中华优秀传统文化研究中的一对重要关系。

一方面,"文化传统"是在"传统文化"的基础上发展而来的,也是传统文化传播与发展的表现。另一方面,文化传统支配人们的行为习俗、制约人们的思维方式、左右人们的审美趣味,规定着人们的价值取向,文化传统因为这些隐性指令作用,而具有了凝聚力量,不断传承、形成新的文化,因此,传统文化又是文化传统发展后的继承。传统文化与文化传统如盐与水,相互融合、密不可分。

2. 中华传统文化与中华优秀传统文化的关系

传统文化既有精华,也有糟粕;既有促进社会、个人发展的积极因素,也有阻碍社会、个人发展的消极因素。随着近代以来全球现代化步伐的加快,先进的工业文明逐步取代落后的农业文明,中国传统文化的"糟粕"逐渐影响了国家的进步和发展,中国在追赶时代大潮的进程中逐渐落伍。比如,"重农抑商"的小农思想束缚着人们的头脑和思维方式;封建宗法制度以及"迷信"思想的存在使先进的科学思想在中国无法得到传播；在中国封建社会中后期，统治者认为，中国是"天朝上国"，根本不用与外国互通有无，因此，采取了闭关锁国的政策，自我封闭成为阻碍中国近代化发展的最大障碍。

另外，中华民族是一个有着优良传统的民族，中华优秀传统文化就是中华传统文化中富有生命力、延展力和适应性的部分，也是中华文明能够延续不间断的根源所在。

对待传统文化既要反对完全否定传统论，也要反对全盘接收传统论，应该取精去糟，尽其善美。对于优秀传统文化继续保持和发扬，即传承和弘扬中华优秀传统文化；其他陈旧落后的、不适应现代社会发展的部分必须"移风易俗"，自觉地加以改造或摒弃。

二 中华优秀传统文化的内涵

一直以来，由于文化概念的不确定性，中国传统文化的边界不清晰，"优秀"传统文化的内涵也比较模糊。有学者立足一般意义上文化概念进行阐释，也有学者从内容角度进行区分。

以一般意义上的文化概念为基础，中华文化就是中华民族在漫长历史中创造出来的财富总和。中华文化源远流长、博大精深，其中的优秀传统文化是中华文化中世代相传的先进思想、道德、风俗、艺术、制度等物质财富和精神财富的总和。中华优秀传统文化是中国文化最具生命力的部分，能够经得起时间的考验，能够比较迅速地适应当下的社会发展环境，能够得到人们的认可和遵从，也是中华民族的精神支柱。

从具体内容角度区分中华优秀传统文化，广义上的中华优秀传统文化是指中华民族发挥主观能动性，通过认识世界和改造世界所形成的各类物质的、精神的和制度层面的文明结晶,具有物质文化、精神文化和制度文化等多种形态;狭义的中华优秀传统文化仅指精神文化,即中华民族认识和改造世界的各类先进精神活动,包括意识形态、思想观念、道德规范和其他精神成果①。

综合现有研究,本书探讨的中华优秀传统文化是广义上的,由中华民族在中国土地上创作的,经过长期的历史沉淀形成和发展起来的,具有鲜明特色、世代传承的先进文化体系,包括物质文化和精神文化。

三 中华优秀传统文化的核心内容

中华民族在五千多年文明长河中创造了极具历史意义与时代价值的语言文字、科学技术、文学艺术、哲学思想及传统伦理道德,共同构成了中华优秀传统文化,反映了中华民族的智慧和文化自信。

(一)中华优秀传统文化的基本面貌

文化常被分为物质文化与精神文化,也有学者把制度文化单列为第三种文化。为了更具体地描述中华优秀传统文化的基本面貌,从六个方面来概括中华优秀传统文化的内容。

1. 古代科学技术文化

古代科学技术文化一般是在自然科学领域的成就,如农、医、天、算四大科学体系;包括四大发明、候风地动仪、浑天仪等在内的诸多发明创造;祖冲之推算的圆周率的数值领先欧洲一千多年;还有《九章算术》《石氏星表》《本草纲目》《齐民要术》等影响深远的著作,至今部分成果虽然过时,但仍有许多具有顽强生命力和潜在价值的内容可以开发利用。比如在农学方

---

① 李双套:《传统文化现代化:何谓、为何与何为》,《江淮论坛》2019 年第 4 期。

面，很多古农书除了科技价值之外，还有文化价值、科学价值、史料价值等实用价值有待挖掘。

2. 礼俗文化

中国人重礼仪，中国自古以来是一个统一的多民族国家，56个民族既有共同的礼仪习俗，不同民族之间的习惯、礼节、婚丧嫁娶等日常生活又有明显差异。

在衣冠服饰方面，如：中国56个民族，每个民族都有自己的民族服装，都非常美丽。同时随着历史的发展与变迁，民族服装也在不断变化，最能代表中华民族传统服饰的是汉服，被认为是汉人独有的文化象征，能凸显中华礼仪之邦的风貌。各朝代汉服有不同特点，不过最基本的交领、右衽、系带、宽袖等元素一般都有保留，整体风格简约大气。

在餐饮食物方面，如：茶、茶道、酒、饺子、汤圆、粽子、年糕、月饼、筷子，以鲁、川、粤、苏、闽、浙、湘、徽为代表的八大菜系等餐饮食物。

在节日庆典方面，中国有各种各样的传统节日，如：汉民族传统节日就有春节、元宵节、清明节、端午节、中秋节、除夕等，各民族各地还有地方和民族的特色节日如壮族铜鼓节，傣族泼水节，彝族、白族、纳西族、基诺族、拉祜族等的火把节。

在民风民俗方面，以地域区分，有中原文化、岭南文化、江南文化等。

在民宅建筑方面，如：亭阁牌坊、园林、寺院、钟塔庙宇、亭台楼阁、各族民居等。

在武术健身方面，如：太极拳、咏春拳、武当拳、形意拳、少林武术、南拳、剑术等。

3. 文学艺术文化

主要包括文学艺术思想产品。这类文化积层深厚，影响深远，自身形成一种学统，有些已渗入民族性格与心理结构中。

在中国史学、文学艺术作品方面，如：四大名著、《诗经》《楚辞》《论语》《孟子》《老子》《庄子》《周易》《史记》《二十四史》《文选》《聊斋志异》等不胜枚举，尤其是汉赋、唐诗、宋词、元曲、明清小说，世代相传，被奉为经典；还有以盘古开天辟地、女娲补天、后羿射日、嫦娥奔月、梁祝、牛郎织女等为代表的传说神话，也是文学艺术的重要组成部分。

在戏曲艺术方面，有唱腔悠扬委婉的国粹京剧，也有粗犷豪放的秦腔，还有变脸川剧，用木偶来表演的木偶戏，用皮影来讲故事的皮影戏，还有黄梅戏、花鼓戏等300多种地方戏曲，部分已然式微，但依然有大量爱好者在传承。

在琴棋书画方面，如："乐器之王"唢呐、"弹拨乐器首座"琵琶、"东方钢琴"古筝等乐器；以及《高山流水》《广陵散》《春江花月夜》等古曲；还有象棋、围棋等游戏，书法篆刻、文房四宝等；国画、山水画等绘画艺术等；这类艺术文化至今被人们用来修身养性、陶冶情操，传承不衰。

在表演艺术方面，有舞蹈、杂技等。中国的民间舞蹈也是种类繁多，风格各异。如，秧歌、腰鼓、跑旱船、花灯、采茶等，极大地丰富了人民的生活；杂技是历史悠久的传统表演艺术，人们常用"台上一分钟，台下十年功"来形容杂技表演技巧修习之难，包括柔术、口技、顶碗、走钢丝等类目，至今仍活跃在人们的生活中。

4. 哲学宗教文化

中国传统哲学指主要由儒家、法家、墨家等组成的哲学流派，是中国文化的精髓和活的灵魂，是中华文明智慧的集中体现。中国古代以孔孟之说为代表的社会伦理观为历代统治者与儒客尊崇，对中国人的普遍伦理道德，对中国文化的价值和价值优先观念都有着深刻的影响，已经成为中华民族的一种集体潜意识。

5. 器物工艺文化

器物工艺主要指由古代能工巧匠用各种材料以高超的技艺制作生产出的生活用品以及工艺作品。

在器具方面，如金银器、瓷玉器、漆器、陶器、紫砂器、牙雕等，我国玉雕被称为东方艺术之花，瓷器享誉全球，凝结着中国劳动人民的聪明才智，成为人们美化生活环境、增加审美情趣的重要载体，时至今日历久弥新。

在民间工艺方面，如：在不同织物上绣制的刺绣、剪纸艺术、手工编织的中国结、泥人张为代表的泥塑、用面粉蜂蜜等原料制作的面人等。

6. 语言文字文化

汉语是我国使用人数最多的语言，也是世界上使用人数最多的文字。我国除汉族使用汉语外，回族、满族、畲族等也基本转用汉语。汉语方言通常分为十大方言：官话方言、晋方言、吴方言、徽方言、闽方言、粤方言、客家方言、赣方言、湘方言和平话土话。

以上六类文化在中国历史上的地位与作用各不相同，既有相对的独立性，也彼此交叉渗透，充分体现出中国传统文化的丰富多彩。

当下也有学者以不同的标准对中华优秀传统文化的基本面貌进行了阐释和分类。如：王霁等在《中国传统文化》提出中国传统文化的十二个维度;曾志安在《中国传统文化精神》中以"修齐治平"价值观念体系为基础,结合社会主义核心价值观的内涵,对中国传统文化的精神进行了时代解读;有的学者认为,中华优秀传统文化是包含物质文化、制度文化、精神文化、理想文化四个层级的体系;还有学者认为,中华优秀传统文化在内容层面,包括思想文化、文学艺术、文化遗产以及非物质文化遗产等。这些研究成果都是对中华优秀传统文化基本面貌考察的重要补充。

(二) 中华优秀传统文化的核心内容

尽管中华优秀传统文化内涵深邃,内容体系庞杂,但从国家顶层设计、文件精神中可以择其精要,概括出其主要内容。国家2017年印发的《关于实施中华优秀传统文化传承发展工程的意见》(以下简称《意见》)明确提出中华优秀传统文化三大的核心内容[1],为文化传承创新指明了方向。

1. 中华优秀传统文化的核心思想理念

《意见》指出,讲仁爱、重民本、守诚信、崇正义、尚和合、求大同等是中华优秀传统文化的核心思想理念,体现了中华优秀传统文化的文化传统和价值内核。由此引申的与时俱进、实事求是等基本思想理念能够给人们提供启迪和借鉴。

结构功能理论主张每种文化都有其基本结构,并以此结构为基础发挥作用。中华优秀传统文化的核心思想理念,就是中华优秀传统文化的基本结构。比如,"仁爱""民本""诚信""正义""和合""大同"等蕴含着天人合一的整体性思维、天

---

[1] 《中共中央办公厅 国务院办公厅印发〈关于实施中华优秀传统文化传承发展工程的意见〉》,https://www.gov.cn/zhengce/2017-01/25/content_5163472.htm,2023年4月13日。

下惟器的朴素唯物主义思想、有无相生的朴素辩证法、"学而优则仕""出将入相"的价值追求、"修身、齐家、治国、平天下""天下之本在国，国之本在家，家之本在身"的家国观，集中体现了中华优秀传统文化的价值追求和文化基因，最终达到"道"的追求。

2. 中华传统美德

《意见》指出，中华优秀传统文化蕴含着丰富的道德理念和规范，如天下兴亡、匹夫有责的担当意识，精忠报国、振兴中华的爱国情怀，崇德向善、见贤思齐的社会风尚，孝悌忠信、礼义廉耻的荣辱观念，体现着评判是非曲直的价值标准，潜移默化地影响着中国人的行为方式。

中华传统美德为中国人提供了道德标准和行为规范，标记着传统文化的鲜明底色，不仅体现了中华优秀传统文化的文化类型和道德精髓，传递着中华优秀传统文化道德精神，也为加强国人思想道德素质提供着实践指导。

3. 优秀人文精神

《意见》指出，中华优秀传统文化积淀着多样、珍贵的精神财富，如求同存异、和而不同的处世方法，文以载道、以文化人的教化思想，形神兼备、情景交融的美学追求，俭约自守、中和泰和的生活理念等，是中国人民思想观念、风俗习惯、生活方式、情感样式的集中表达，滋养了独特丰富的文学艺术、科学技术、人文学术，至今仍然具有深刻影响。

中华人文精神为国人提供了精神生活世界，集中体现了中华优秀传统文化的文化属性和人格追求，为中华民族独特丰富的文艺、技术、人文学术提供了丰富滋养，能起到激发中华民族创新创造活力的重要作用。

中华文化与西方文化等的主要区别就在于既充满人文精神，又承载着理性精神，突出表现在中华民族既重视道德理想又注重道德践履的生活习惯和生产方式。比如通过对天人关系的思考，落脚在人与人的关系问题上，倡导修身齐家治国平天下的追求；中华民族注重的寻天道重人事、为政以德、政在养民等体现了古圣贤对于理性精神的追求。

核心思想理念、中华传统美德和中华人文精神三者彼此贯通、支撑，具有内在的层次性、逻辑性和系统性。其中，核心思想理念侧重理论、重在思想与内视，传统美德指向实践、重在践行与外化，人文精神需要在核心理念内化作用与传统美德的道德践行过程中得到升华，再进一步指导两者从而完成由知到行的认识与实践过程，三者协同共进，推动着中华文明的现代化建设。《意见》实施以来，国家各部门纷纷行动，启动实施了中华文化资源普查、中华经典诵读等项目，大力推动了优秀传统文化的继承和发展。

2017年，文化部牵头实施了戏曲振兴工程，先后开展了戏曲普查和会演、节目录制、戏曲进乡村进校园等活动。国家文物局开展了文物和藏品普查活动，普查可移动文物1.08亿件（套）、文物收藏单位1.1万个；全国古籍普查登记数量达232万条、12500函，发布古籍数据43.1万条、413万册。[1] 这些活动及举措对于摸清家底、推动民众了解传统文化、积聚各方力量共同保护传承传统文化做出了积极的探索。

---

[1] 周玮：《激发传统文化新活力 描绘文脉传续新图景——中华优秀传统文化传承发展工程实施一周年巡礼》，https：//www.gov.cn/xinwen/2018 – 03/01/content_ 5269885. htm，2023年4月13日。

四 优秀传统文化对于个体和社会的作用

(一) 中华优秀传统文化是塑造人生的重要力量

文化是一种能影响个体发展的精神力量，积极健康的文化能促进推动个人成长和发展；反之，消极没落的文化则让人误入歧途。优秀文化能丰富人的精神世界，对个人成长产生深刻影响，促进人的全面发展，塑造丰富的人生。文化对人的影响还具有潜移默化和深远持久的特点，会影响人们的交往行为和交往方式，影响人们的实践活动、认识活动和思维方式。

(二) 中华优秀传统文化是中国社会发展的重要内容

文化还是一种社会精神力量，会潜移默化地影响人的精神，进而改变人的行为，形成推动社会变革的有形的物质力量。同时，文化与经济、政治相互交融。文化不仅为经济发展和社会进步提供思想保证、精神动力、智力支持和产业支撑，是一个国家或地区综合实力的重要组成部分，而且文化还反作用于政治、经济，给予政治、经济以重大影响。先进的、健康的文化会促进社会的发展，落后的、腐朽的文化则会阻碍社会的发展。优秀文化越来越成为重要的软实力，是一种不可忽视的精神伟力。

第二节 中华优秀传统文化的主要特征

中华优秀传统文化是中华民族在悠久历史长河中沉淀的瑰宝，具有突出的连续性、创新性、统一性、包容性和突出的和平性，具有信念引领、价值导向和人格塑造等重要作用，为坚定文化自信自强提供有力支撑，是构建人类命运共同体的重要文化思想源泉。

一　中华优秀传统文化具有突出的连续性

华夏大地的"人类史"一般认为是从云南元谋人开始，距今170万年前。文明则是人类文化和社会发展的高级阶段，中华文明的起源最早可上溯到盘古开天辟地，从公元前2697年黄帝即位以及创制历法的时间算起，中华文明延续上下五千年，是世界文明史上唯一一个没有中断、延续至今的文明。2002年起，中国考古学界开启大规模"中华文明探源工程"，20年来经过20多个学科、400多位学者的持续努力，描绘出中华文明的辉煌图景，五千年的连续发展是中华文明的重要特征。因此，作为中华文明精髓的中华优秀传统文化同样呈现出突出的连续性特征。

（一）在国土疆域上具有突出的连续性

中华文明以农耕文明为基础，黄河是中华文明最主要的发源地，6000多年前，流域内已开始出现农事活动，是最早栽培粟和黍的地方。在4000多年前，流域内形成了一些炎帝、黄帝等氏族部落，公元前21世纪开始形成王朝国家。

秦汉之后，中央王朝的疆域在商、周二朝的基础上，有了较大的发展。之后经历了两千多年的封建王朝更迭，但大致的区域和疆土基本确定，即便是政权割据、外族入侵、军阀混战等的时代，中国人的生存空间或者说中央王朝控制的关键、核心疆域范围，依然是黄河流域、长江流域、珠江流域等，并没有发生根本性变化。

国土疆域的相对固定性和连续性，有效避免了文明和文化的割裂与分离，这为中华优秀传统文化的延续创造了物质基础条件。

（二）语言文字上具有突出的连续性

语言文字是历史文化的重要载体，中国的语言文字尽管在不同的时期、在不同地域有不同的语音、语义特点，但自秦始皇统一天下，推行"书同文、车同轨"后，在中国大地上，尽管"十里不同风，百里不同俗"，但在书写上是统一的，以汉语为主的语言文字体系就确立并延续了下来。明清以后，官话体系的逐步完善使得汉语语言文字的连续性进一步得到巩固。

（三）思想观念上具有突出的连续性

中国主要的思想传统涵盖了丰富多样的哲学、宗教、伦理和文化观念，比如：以孔子孟子为代表的儒家倡导的仁爱、忠恕、孝悌、治国安邦等思想；以老子、庄子为代表的道家主张的无为而治、自然和谐，追求"道"的觉悟和人的内在自由等思想；以韩非子、商鞅为代表的法家主张以法律和严明的制度来维持社会秩序；还有强调和平、公平，反对战争和暴力的墨家思想等，这些重要的思想元素都是在历史中一脉相承的。

中华优秀传统文化经历了长期的发展和演变，承载着中华民族的文化基因和精神价值观，对形成和维护中国团结统一的政治局面、对形成和丰富中华民族精神，对激励中华儿女维护民族独立、反抗外来侵略都发挥了十分重要的作用。

二 中华优秀传统文化具有突出的创新性

几千年前，中华民族的先民们就秉持"周虽旧邦，其命维新"的精神，开启了缔造中华文明的伟大实践，还有"苟日新，日日新，又日新"……不管是发明创造，还是精神思想，无不饱含与时俱进、勇于创新的不懈追求。

（一）创造了丰富多彩的物质文化

中华民族创造了闻名于世的科技成果，在农、医、天、算等方面形成了系统化的知识体系,取得了以四大发明为代表的一大批发明创造。

新石器时代,中华先民就懂得因地制宜,在南方种稻,在北方种植粟和黍;秦汉时期,中国完成了诸如纸、指南车、浑天仪等许多重大技术发明,以阴阳五行学说和气论为哲学基础,算学、天学、地学、农学和医学五大学科各自形成了自己的科学范式。南北朝时期,祖冲之计算出圆周率精度超过欧洲近千年之久;北宋时期,毕昇发明活字印刷,大大提高了文化传播的速度;曾公亮等人编著的《武经总要》中记载了火药配方和用于航海的水罗盘指南鱼的制造方法;沈括因在数学、物理、天文、地理等领域的贡献被称为全才型科学家。明代宋应星《天工开物》记述了许多世界首创的技术发明……这些物质文明和科学技术发展成就,是古代中国对世界的贡献,也充分证明创新是推动人类文明进步的根本动力。

(二) 创造了影响深远的精神文化

《周易》中的"富有之谓大业,日新之谓盛德,生生之谓易"、《礼记·大学》中的"苟日新,日日新,又日新"等语,都饱含着创新精神,中华优秀传统文化蕴含的思想理念、价值和道德规范也是在不断创新发展的。比如,周公总结夏商两代的文化,敬德保民,制礼作乐。孔子最早提出"仁""礼""义"的价值标准,孟子加上"智"成为"仁义礼智"四个范畴,董仲舒增加"信",发展为"仁义礼智信"五常,成为中华传统文化中普遍认同的价值标准和精神内核。宋代在综合先秦儒家道德观念的基础上,形成了"孝悌忠信礼义廉耻"八德,体现着评判是非曲直的道德标准,为中华文明注入深厚的伦理责任和家国情怀,潜移默化地影响着中国人的行为方式。

三　中华优秀传统文化具有突出的统一性

中华优秀传统文化突出的统一性既表现在多民族的统一，也表现在大一统的价值观上。

（一）在大一统价值观上的统一性

从商周时期开始，中国大一统的中央政权模式初步确立，公元前 221 年，秦王嬴政一扫六合，建立起中国历史上第一个统一的中央集权制封建王朝，实现了书同文、车同轨，奠定了中华民族大一统的政治基础和心理基础，"统一"也成为中国封建社会政权模式和中国人价值观的主旋律、主基调。即使遭遇重大挫折也往往能重新牢固凝聚，陆游诗句"但悲不见九州同"深刻地反映出了这种民族心理和愿望。"天下大势，合久必分，分久必合"在王朝兴亡更替中循环往复，既是历史规律，也是人心所向，大乱之后的大治、割据之后的一统成为中国历史最明显的特征和规律。中国人对中央政权统治合法性、正统性的认可与接受也是大一统价值观的突出表现，英雄豪杰也把天下一统、问鼎中原，建立中央王朝作为政治目标和终极价值追求。

（二）在民族文化上的统一性

中华民族是 56 个民族团结一体的伟大民族，中华文明是由各民族优秀文化汇聚而成的伟大文明。秦汉之后，大一统封建王朝形成，汉朝在秦朝的基础之上进一步巩固统一，并逐渐扩张开始经营西域，开启了多民族融合。此后的两千多年里，中华大地上各民族紧密联系，在交流交往中产生了你中有我、我中有你的深厚情感，虽历经多个朝代，也有不同民族主导的不同国家政权存在，但民族统一一直是中国历史的主流。

中国五千年文明史，就是中国大地上的各民族交融成中华民族、缔造伟大中国的历史。中华优秀传统文化的统一性，绝不是要消除各民族文化的差异，而是兼容并包、海纳百川，在保留各民族文化风俗习惯和文化特色基础上，能够为各族儿女铸就共同的理想信念、提供共有的精神家园，是铸牢中华民族共同体意识的动力源泉和文化基石。

四　中华优秀传统文化具有突出的包容性

中华优秀传统文化突出的包容性有着深刻的历史原因，集中体现在"求同存异"和"兼收并蓄"上。古代中国有大规模的人口与疆域，经济社会发展水平长期领先，与其他国家和地区有频繁的经济贸易往来，最突出的就是形成了陆上丝绸之路与海上丝绸之路。这些经济贸易往来，不仅促进了经济繁荣，也带来了中国与其他国家科技、文化、艺术的交流和交融。

（一）"求同存异"带来的包容性

"求同存异"就是能在系统内部的多元文化中和谐共生，同时也能与系统外部其他国家和民族的多元文化和谐相处。从内部系统看，中国地域辽阔、民族众多，不同地域文化、不同民族文化在华夏大地上能共生共进，融合交流，形成开放包容的中华文化；中华文化中包含的多种派系思想如儒家、道家、佛家等也能和谐融通；中国"和"文化源远流长，蕴涵着天人合一的宇宙观、协和万邦的国际观、和而不同的社会观、人心和善的道德观。

从对外交流看，中华民族崇尚和谐，向来主张以和为贵、协和万邦，认为国家之间合作交往远比征伐战争更有利于稳定和发展，倡导不同国家求同存异、和平相待。比如，汉朝张骞出使西域首次开辟了著名的"丝绸之路"；唐朝经济强盛、国力强大，引得中亚、西亚、东南亚等地区国家前来学习交流，西方世界的外来文化被中国文化兼收并蓄，形成开放、包容、进取的大唐气象；明朝初期，郑和下西洋到访过数十个国家，遍及东南亚、南亚、西亚、最远处非洲，强大的国力和和平的外交策略，使万国诚服。这种文化开放心态，正是中国文化有容乃大的包容性格的表现。

（二）"兼收并蓄"带来的包容性

"兼收并蓄"就是指中华文明对待不同文化的态度是敞开胸怀、去粗取精，多方面吸收保留。中华文明自古就以开放包容闻名于世，有深厚的积淀和足够的自信在各种文化冲击碰撞中既能保留自己特色，也能借鉴、吸收各种文明的优秀成果，在同其他文明的交流互鉴中不断焕发新的生命力。中国古代经世致用的思想，倡导"知行合一、躬行为务"，反对空谈，主张解决实际问题。因此，对社会发展有利、对民生改善有效的方法和手段都可以学习，可以拿来为我所用。这样就形成一种致用为上、积极进取的心态。当人们接触到国外优秀文化、制度、艺术时，就更加愿意去学习借鉴。比如，佛教自汉代传入中国以来，与中国固有的儒、道、玄等文化融会贯通，形成了中国化的佛教，至魏晋南北朝隋唐时期形成高潮。

文明因多样而交流，因交流而互鉴，因互鉴而发展。突出的包容性，决定了中华文明能够有容乃大、绵延不绝。

五　中华优秀传统文化具有突出的和平性

中华优秀传统文化突出的和平性，是由中华民族独特的农耕文化决定的。古代不同区域、不同地理环境的人民有不同的生活方式，进而形成了游牧文化、农耕文化与商业文化等不同的文化，其中农耕文化由于对土地的依赖大而最为稳定安分平和，因而追求和平，就成为自然而然的思维方式与心理诉求。

(一) 中华优秀传统文化的和平性源于中国人感性的人伦秩序观

中华优秀传统文化强调尊重自然、崇尚和谐，认为自然是人类的生命之源，人类应该尊重自然、保护自然、与自然和谐相处。同时，它也强调人与人之间的和谐关系，认为和谐是社会稳定和发展的重要保障。

始于周代的封建制度是政治制度，也是家族制度。这种家国同构的独特性就构筑了周代的家国命运共同体。天下一家的理念，从此深深印记在中华民族的文化心理中。在古人眼里，天下为公、大同社会是理想，天下是一家人，强调人与人、国与国之间的和谐关系，文化上认同就可以和平相处。

(二) 中华优秀传统文化的和平性表现为中国是世界和平的建设者

和平、和睦、和谐是中华民族一直以来追求和传承的理念，中国人向来崇尚"和为贵"，这并不是软弱，而是一种中国式的智慧。正是基于对和平的坚定信念，无论是张骞通西域，还是郑和下西洋，中国带给世界的始终是和平与交流，而非战争与殖民。即使是在近代中国饱受欺凌的境况下，中国人民的和平信念也从未消退。

和平性不仅为人类的和平理想注入了中国价值、中国精神，更为世界的和平实践贡献了中国智慧、中国力量。中华民族无论过去、今天还是未来，都主张和平才能发展，合作才能共赢，这也是中国能够在新时代提出"一带一路"倡议、全球发展倡议、全球安全倡议、全球文明倡议、全人类共同价值等一系列主张的文明属性使然。

第三节 中华优秀传统文化的"化人"与"育人"

实现中华民族伟大复兴，需要物质文明和精神文明共同的协同发展。中华优秀传统文化代代相传，其核心精神与新时代中国精神文明建设要求高度契合，是精神文明建设的基础。以文化人、以文育人主要是充分发挥中华优秀传统文化对人的滋养作用，使人在文化滋养中提升认识世界和改造世界的方法和能力，精神文明也得到极大发展。

一 中华优秀传统文化的"化人"传统

"以文化人"是中华优秀传统文化的重要基因，凝聚了中国人传统的价值观和教育观，是古人思想理念、生活方式、情感态度、人文精神的集中表达，也是古代社会保持积极向上精神风貌价值源泉和中国政教制度的重要标识。

（一）中华传统"以文化人"思想发展历程

1. "文"与"化"的含义

"以文化人"的核心关键词是"文"和"化"二字，在《说文解字》中，"文"是"错画也，象交文"①，即"文"本义是指各色交错的纹理、文饰、文章，引申为文字、文章、礼乐制度的意思；"化"的本义是变化，引申为人受到教育而发生变化的过程为"化"。

"文""化"二字连用，最早见于《周易·贲卦·彖传》中：

---

① 段玉裁：《说文解字注》，上海古籍出版社1981年版，第425页。

"刚柔交错，天文也；文明以止，人文也。观乎天文，以察时变；观乎人文，以化成天下。"① 这是最早将"文""化"关联，显示了"文"的教化功能。

2. "文化"的演变

西汉刘向《说苑·指武》中说："圣人之治天下也，先文德而后武力。凡武之兴为不服也。文化不改，然后加诛。"② 意思是有智慧的人治理天下，会先用文德教化天下再用武力征服天下，只是运用武力征服，百姓口服心不服。如果不改变方略，以德治国、以文化之，会被以武力再次讨伐回来。这里的"文化"连用，是指文德教化。此后，"以文化人"的意思逐渐演变成用文字、文章等文化来教化人，进而形成了中国历史上源远流长的"以文化人""以文为教"的传统。

(二)"文"是"以文化人"的内容

1. 以文化人的"文"具有鲜明的指向性

以文化人中"文"是文化，文化本质上属于一种社会意识形态，具有鲜明的阶级性，并非所有的文化都可以用来"化人"，一般而言代表了社会主流价值观的文化才会起到影响人、教育人的作用，因此，以文化人的"文"具有鲜明的指向性。

作为当代中国主流文化，中国特色社会主义文化"源自中华民族五千多年文明历史所孕育的中华优秀传统文化，熔铸于党领导人民在革命、建设、改革中创造的革命文化和社会主义先进文化，植根于中国特色社会主义伟大实践"③，是凝聚中国人民的精

---

① 阮元校刻：《十三经注疏》，中华书局1980年版，第37页。
② （汉）刘向：《说苑校证》，向宗鲁校证，中华书局1987年版，第380页。
③ 习近平：《决胜全面建成小康社会 夺取新时代中国特色社会主义伟大胜利——在中国共产党第十九次全国代表大会上的报告》https：//www.gov.cn/zhuanti/2017-10/27/content_ 5234876.htm，2023年4月13日。

神力量，也指引着社会其他文化建设发展的方向。

2. 以文化人的"文"具有鲜明的时代性

古人将先王典籍《诗》《书》《礼》《乐》《易》《春秋》六经等作为"以文化人"的重要文本，从而使古代修齐治平、尊时守位、知常达变等社会价值、道德规范、历史文化得以延续传承。

当代中国处于社会主义初级阶段，联结着中华民族的过去、现在和未来的中国特色社会主义文化则有着这一阶段的时代特征，与社会主义基本制度一起，围绕实现中华民族伟大复兴这一历史任务来"化人"，用主流文化来化人才是历史的必然选择，否则就会把人"化"到歧途，甚至"化"到反面去。

3. 以文化人的"文"具有鲜明的目标性

马克思主义文化观认为，文化的使命是人类在不断改造自然、改造社会的过程中，实现人的全面自由发展。以文化人，就是要用优秀的主流文化，以高度的文化自觉和文化自信来引领社会，推动社会的进步。中华优秀传统文化，一直是中华民族奋发进取的精神动力，在千百年的传承过程中深入骨髓，成为日用而不觉的价值观，构成中国人的独特精神世界。当今世界正经历百年未有之大变局，社会多元化，文化交流日趋频繁，我们应用中华优秀文化为命脉来传承"文"的基因，用马克思主义为指导来保证"文"的方向，努力将中华优秀传统文化和现代文明相结合，将之融入当代社会生活，使之焕发新的生命力，不断地推动民族精神的融合和发展，引导广大群众走向文化自觉和自信的道路。

（三）"化"是"以文化人"的方法

1. 以"感化"的方式达到"教化"的目的

"化"既是感化，也是教化。"化人"即"育人"。"感化"

更柔和，把施教者和受教者视为两个生命个体，是不同生命个体之间的交流和触动，是以心灵、情感相交流的方式进行的。而"教化"偏刚性，教育者为上，全知全能，受教者为下，蒙昧无知，是上对下的训教，下对上的唯命是从。教育的双方都是有灵魂的生命个体，德国哲学家雅斯贝尔斯曾提出教育的本质是灵魂的唤醒，因此"感化"才是一种良好的"教化"方式。《周易》中说，"圣人感人心而天下和平""感而遂通天下之故"，"感化"的方式更容易达到"学以成人"的目的。

2. "化"是春风化雨和潜移默化

"春风化雨"出自《孟子·尽心上》："有如时春风雨化之者。"原意是指适合于草木生长的风和雨，后多被比喻为人接受良好的熏陶和教育。潜移默化是无形中的变化，不经意间的改变。春风化雨和潜移默化是两种教育方式，都主张教育是长久之计，不可急功近利，应该不着痕迹地久久为功。教师"化"人也应该遵循循序渐进的规律，营造一个良好健康成长的环境，用内在的心灵力量与精神能量去点化受教育者。

二 中华优秀传统文化的"育人"功能

以文育人是指用文化教育人，通过传承文化、传播知识、培养人格，在文化中求得人生之真、善、美，进而促进人的全面发展和素质提高。优秀传统文化的传承和创新需要一代又一代人的努力，必须充分利用好国民教育。学校作为教书育人的场所，是国民教育的主体，也是文化传承创新的重要载体。

文化归根到底是作用于人的，"化人"与"育人"只是方式的不同，因此，文化与教育殊途同归、密不可分。

(一) 国民教育是中华优秀传统文化"育人"的主渠道

国家高度重视国民教育在文化传承创新中的基础性作用，早在2011年发布的《中共中央关于深化文化体制改革推动社会主义文化大发展大繁荣若干重大问题的决定》中就提出,把国民教育作为建设优秀传统文化传承体系的重要组成部分。[①] 2017年出台的《关于实施中华优秀传统文化传承发展工程的意见》再次强调中华优秀传统文化传承发展要贯穿国民教育始终,要"把中华优秀传统文化贯穿于启蒙教育、基础教育、职业教育、高等教育、继续教育各领域"[②],这些政策对推动当前的文化强国建设、文化育人工作具有重要意义,学校也要积极将中华优秀传统文化转为教育资源,使国民接受中华优秀传统文化教育,汲取优秀传统文化营养,使优秀传统文化薪火相传,发扬光大。

1. 结合成长规律、学习习惯和教学特点融入优秀传统文化内容

弘扬优秀传统文化要从娃娃抓起,国家明确要求重视教材建设,构建中华文化课程和教材体系。在教学内容上,要针对未成年人身心成长的特点和接受能力,从传承中华传统美德做起,增强爱国情感,从小树立民族自尊心、自信心和自豪感。在教学方式上,要采用系列绘本、童谣、儿歌、动画等未成年人喜闻乐见、生动活泼的形式,寓教于乐,循序渐进。

2. 面向全体高校学生开设优秀传统文化课程

目前我国已建成世界规模最大的高等教育体系,2022年各种形式的高等教育在学总规模4655万人,高校学生是十分宝贵的人才资源,推动高校开设中华优秀传统文化必修课,一方面

---

① 中华人民共和国中央人民政府:《中共中央关于深化文化体制改革推动社会主义文化大发展大繁荣若干重大问题的决定》,https://www.gov.cn/govweb/jrzg/2011-10/25/content_1978202.htm,2023年4月13日。

② 中共中央办公厅、国务院办公厅:《关于实施中华优秀传统文化传承发展工程的意见》,https://www.gov.cn/zhengce/2017-01/25/content_5163472.htm,2023年4月13日。

能增强高校学生对中华优秀传统文化的学习理解，汲取中华民族几千年积淀的精神财富，提高高校学生的思想道德和文明素质，把他们培养成为中国特色社会主义事业的合格建设者和接班人；另一方面，也通过高校学生对中华优秀传统文化的学习和认识，使中华优秀传统文化在新时代保持旺盛的生命力，得以传承、创新。因此，中华优秀传统文化相关内容应纳入高校教育必修的公共课程，以及增强人文社科类学生修习内容。同时，高校应组织力量编写高质量的教材，让高校学生不仅能接受系统的各类专业知识教育，而且也能接受高质量的优秀传统文化教育。

3. 加强中华优秀传统文化教学实践基地建设

中华优秀传统文化教育要取得好的效果，不仅要重视抓好课堂教学，而且要重视抓好基地建设。中华优秀传统文化呈现于各地博物馆、纪念馆、展览馆、文化馆、美术馆、少年宫、烈士陵园等物质文化载体中，学校可以不断挖掘地方优秀传统文化的内涵、特色和资源，建立各级各类教学基地，丰富学校教学内容，让学生在耳濡目染中学习和传承中华优秀传统文化。

4. 加强中华优秀传统文化相关学科建设

学科建设对科学研究和人才队伍培养有重要作用，高校在加强文化产业、文化管理、考古学等相关学科建设的同时，还要重视与其他学科的交叉融合发展，借助"双一流"学科建设的契机，推动中华优秀传统文化相关学科进一步发展完善。

5. 深化中华优秀传统文化课题研究

深化中华优秀传统文化课题研究有助于解决中华优秀传统文化传承创新的"卡脖子"问题，推进中华优秀传统文化传承创新朝纵深方向开展。高校需要借助国家社科基金、教育部课题、文化部课题等国家级、省部级课题研究，推动学科理论和课程构建等核心问题。

当前，经过多方努力，国家已建成了 12 种学前教育阶段的传统文化实验教材、500 种基础教育阶段的实验教材、13 种高等教育阶段的大学传统文化教材、11 册成人教育阶段的国学文化标准化教材，为文化育人打下坚实的基础。

另外，还要加强面向全体教师的业务培训，提升教师队伍的文化育人意识以及教书育人的能力和水平；通过丰富拓展校园文化，持续推进中华优秀传统文化进校园等活动。中华优秀传统文化只有全方位融入国民教育各个领域、各个环节，做好从小学到大学的固本工程、融汇到教材体系中的铸魂工程和贯穿在人才培养全过程的打底色工程，与人民生产生活深度融合，才能有长久生命力，真正实现活起来、传下去。

（二）中华优秀传统文化为高校铸魂育人目标提供有效支撑

高校是培养社会主义建设者和接班人的摇篮，也是传承和弘扬中华优秀传统文化的重要阵地。2019 年，习近平总书记在学校思想政治理论课教师座谈会上指出："中华民族几千年来形成了博大精深的优秀传统文化，我们党带领人民在革命、建设、改革过程中锻造的革命文化和社会主义先进文化，为思政课建设提供了深厚力量。"[①] 高校开展文化教育，既有利于传承和弘扬中华优秀传统文化，也有利于提升高校文化品质与实际功效，为进一步实现其铸魂育人目标提供有效支撑，不仅是时代发展的必然要求，也具有重要的现实意义。

---

① 《习近平用新时代中国特色社会主义思想铸魂育人　贯彻党的教育方针落实立德树人根本任务》，《人民日报》2019 年 3 月 19 日第 1 版。

1. 将中华优秀传统文化融入党建工作

高校需要将中华优秀传统文化与党建工作相结合，引导党员在批判继承的基础上加强对中华优秀传统文化的挖掘和阐发，开展专题党课，围绕忠实坚守、发扬光大、批判继承、创新发展等方面，阐述马克思主义与中华优秀传统文化之间的密切关系，强调要不断结合中国国情推进马克思主义中国化时代化，在中华优秀传统文化中汲取党建智慧。

2. 将中华优秀传统文化融入校园活动

中华优秀传统文化具有强大的感染性和吸引力，以其为核心和主题开展一系列校园活动，在传播中华优秀传统文化的同时加强校园文化环境建设，让学生在多样化的活动参与中拓宽文化视野，在文化的熏陶和浸润中逐渐增强文化素养。比如，诗歌朗诵比赛、演讲比赛、辩论赛多种多样、公平公正的主题竞赛为学生学习、了解中华优秀传统文化提供了优质平台，还能活跃校园文化生活，形成"读经典""学经典""诵经典"的氛围，陶冶学生的道德情操，培养文化素养好、文化视野广、传承意识强的优秀人才。

3. 将中华优秀传统文化融入社会活动

高校可以通过开展主题教育等社会实践活动，带领学生以中华优秀传统文化宣讲团成员、志愿者等多种身份，在亲身实践中学习和传播中华优秀传统文化，充分发挥文化才能，让受众近距离领略中华优秀传统文化的魅力，增强对中华优秀传统文化的认知和认同，以及历史使命感与民族责任心，进而实现文化的代际传递和广泛传播，争做文化的继承者和传播者。

高校要多渠道、全方位、立体式做好中华优秀传统文化的宣传，倾力推动中华优秀传统文化在全体师生中的传承弘扬与赋能发展，为建设文化强国贡献力量。

第二章　中华优秀传统文化的历史传承与当代价值

中国传统文化有重史的传统，中华优秀传统文化正是从历史深处走来，世代相传，极具民族特色。历经几千年绵延不绝，说明其拥有强大的生命力，是中华民族的根和魂。中华优秀传统文化具备独特的精神标识，带有强烈的传承性与时代性，是中国在新时代多元文化激荡之中立足于世界之林的坚实根基。

第一节　中华优秀传统文化的历史传承

2017年国家发布的《关于实施中华优秀传统文化传承发展工程的意见》是长时间以来文化建设的重要依据，其中提出，到2025年要基本形成中华优秀传统文化传承发展体系，"文化自觉和文化自信显著增强，国家文化软实力的根基更为坚实，中华文化的国际影响力明显提升"[1]。中华优秀传统文化传承体系由传承

---

[1] 《中共中央办公厅　国务院办公厅印发〈关于实施中华优秀传统文化传承发展工程的意见〉》，https://www.gov.cn/zhengce/2017-01/25/content_5163472.htm，2023年4月13日。

意蕴和方式、主体和内容以及传承保障体系等构成，共同回答"是什么""为什么""怎么样"等文化传承的基本问题。

一　中华优秀传统文化的传承内容

传承内容回答的是"是什么"的问题，是要明确传承的对象。

《关于实施中华优秀传统文化传承发展工程的意见》将中华优秀传统文化内容体系分为核心思想理念、中华传统美德和中华人文精神三类，让中华优秀传统文化的内涵指向变得具体化，不仅集中体现了中华文明智慧结晶的重要元素，也让优秀文化的传承思路更加清晰。

还有学者从经济社会发展等其他方面对九州共贯、多元一体的大一统传统，儒释道的哲学思想，天下为公、天下大同的社会理想，民为邦本、为政以德的治理思想，富民厚生、义利兼顾的经济伦理，天人合一、万物并育的生态理念，执两用中、守中致和的思维方法等加以总结概括，这些都是中国人民在长期生产生活中积累的宇宙观、天下观、社会观、道德观的重要体现，并创新形式、促进优秀传统文化的现代化转型，同社会主义核心价值观主张具有高度契合性。

二　中华优秀传统文化的传承意义

传承意义回答的是"为什么"的基本问题，厘清中华优秀传统文化传承目的问题。

（一）传承中华优秀传统文化是满足人民不断增长的精神文化需求的迫切需要

进入新时代后，中国社会主要矛盾发生变化，人们对精神生活的要求不断提高。人民的美好生活需要既是人们从事生产劳动创造历史伟业的动力，也是人民获得感、幸福感和安全感的源泉。这种需要不是抽象的而是具体的、生动的，是人民在现实生活中利益的动态表达，具有多样性、层次性和递增性的特点。文化能影响和塑造人，因此传承、发扬中华优秀传统文化是提高人民获得感、幸福感和安全感的重要途径。

（二）传承中华优秀传统文化是实现中华民族伟大复兴的强大力量

中华优秀传统文化是中华民族的重要文化软实力，弘扬和传承我国优秀传统文化本身就是中国式现代化建设的重要内容之一；同时，文化对政治经济具有反作用，优秀的先进文化能促进经济社会发展，落后的文化则会起到阻碍作用。

中华优秀传统文化能促进我国经济、政治的发展，为中华民族发展提供强大的精神力量。另外，民族的强盛离不开文化的支撑，中华优秀传统文化具有鲜明的民族性，是中华民族生存和发展的精神纽带，传承中华优秀传统文化可以促进中华民族的团结和发展，增加民族凝聚力，增强综合国力。

（三）传承中华优秀传统文化是引导青少年坚定理想信念的重要途径

近代以后，中华民族遭受了前所未有的劫难，国家蒙辱、人民蒙难、文明蒙尘，广大群众的文化敬畏感逐渐丧失，对传统文化的珍视感日益减弱。加上文化的传承与弘扬方式较为单一，传统文化与当代中国文化之间存在割裂现象，整个社会的文化素养集体退步。随着全球化进程的加快，不同文化间的交流越来越频繁，文化的冲击和碰撞越发激烈，一些不良文化甚至给青少年价值观带来负面影响。

青少年是实现中华民族伟大复兴中国梦的生力军，中华优秀传统文化强调的哲学思想、文学艺术、历史传统和道德规范等方面的内容，是中国几千年文明的精髓，传承中华优秀传统文化，尤其在高校思想政治教育中融入中华优秀传统文化的内容，能引导青少年了解中华民族的整体价值追求和深厚文化底蕴，增强学生的文化自信心和民族认同感，引导青少年走正确的发展道路、坚定理想信念。

（四）传承中华优秀传统文化是新时代中国式现代化的必要选择

一方面，中华优秀传统文化是中国式现代化的文化根脉，为中国式现代化提供深厚的历史文化滋养，中国式现代化是中华优秀传统文化进入新时代的呈现形态。另一方面，中国式现代化的特征之一是物质文明和精神文明相协调，文化的现代化是中国式现代化的重要组成部分和重要推动力量。继承和发扬优秀传统文化可促进国家民族认同、凝聚人心、激发中华民族强大的民族生命力、凝聚力、创造力和民族意志，扭转一些诚信缺失、道德失范等不良风气，有助于维护社会稳定与和谐，激发推动着中华民族不断向前发展，实现中国式现代化建设。

三　中华优秀传统文化的传承主体

主体问题是传承的基本问题，从生存论乃至本体论层面上来理解传承主体，其作为"共相"是"中国人"，传承中华优秀传统文化就是把承载着"中国价值""中国精神""中国情感"的"中国人"推向世界的过程。传承主体之殊相则是按传承分工不同，包括领导主体、执行主体、宣传主体等管理或实施者。

（一）多主体传承

中国共产党是优秀文化传承的领导主体，指引着传承的正确方向；人民群众是执行主体，推动和创造着传承的实践。同时，人民群众还是主客体统一的体现，一方面，人民群众创造了丰富的精神成果；另一方面，人民群众也是接受文化教育的客体。有学者认为，知识分子群体是传承的宣传主体，学校是传承的教育主体。

在文化传统的内部系统里，非物质文化遗产的传承主体一般是特定的传承人或传承群体。

（二）传承主体之间的关系

虽然传承主体包括不同层次，但各主体间不是孤立自存的，各主体间相互联系、相互依存。为了更好地理解和把握各个主体在传承中的作用和地位，需要正确认识和处理各主体之间的相互关系。

首先，作为领导者的中国共产党要发挥好顶层设计作用，制定相应的文化政策。以此引导人民群众的实践活动，为知识分子群体开展学术研究指明政策方向。但是，党的政策方针不是凭空产生的，而是要以人民群众和知识分子群体的实践为依据，正确反映人民群众的需求，充分听取专业人士的意见。

其次，要充分发挥人民群众的基础作用，尊重其首创精神。人民群众是历史的创造者，也是文化的创造者，但是人民群众的文化创造活动不是随意的，而要以党和国家的政策方针为指引，确保文化建设的正确方向。

最后，要充分发挥知识分子群体的桥梁作用。一方面，知识分子群体要坚持党的领导，确保学术研究和文化传承的正确政治方向和道路前进的方向。另一方面，知识分子群体要深入人民群众的生活实践，以通俗易懂又不失理论性的话语向人民群众阐释政策方针，宣传传统文化。

传承是一项系统工程,需要各主体相互配合,协同发挥作用。传承活动能否顺利开展,很大程度上取决于各传承主体之间的相互关系。因此,我们要坚持正确的方向,巩固人民群众的文化基础,更好地发挥以马克思主义者为核心的知识分子群体的宣传引导作用,不断把传承推向前进。

四 中华优秀传统文化的传承方式

传承方式回答的是"怎么样"的问题,是对文化传承具体渠道、方式及实践的总结。

(一)学校教育传承

文化传承是学校的重要功能,学校教育传承就是通过专职教育人员和专门机构开展有组织有计划的教学或者开展实践活动或者通过校园文化的熏陶等方式来完成文化传承的过程。受教育者在学习的过程中习得文化,接受文化中的思想、价值观等。

(二)民间继承传承

民间继承传承是指人民群众自发地将文化遗产传承给后代的过程,具有地域性和显著的价值观传递特点。民间继承传承主要通过口口相传、口耳相传、传统节日、传统活动、生活习惯等方式在师徒之间、家族之间、行业之间传承,许多古老的文化传承至今仍然活跃在民间生活中。

(三)媒体传承

媒体是传播信息的媒介,媒体传承是通过丰富传播媒介来达到文化传承目的的传承形式。

媒体传承既包括传统的纸媒、影视媒体、广播媒体,也包括新时代出现的包括两微一端、一号一抖一网等在内的微信、微博、微课、微视、客户端、抖音等网络媒体。网络直播、社交媒体、短视频等新媒体的普及和应用，使得传统文化的传播方式和途径发生了巨大的变化，传统文化能够以更快的速度、更广的范围被更多人了解和接受。

（四）文化场馆传承

文化场馆是文化展示的物理空间，常见的文化场馆包括各级各类历史博物馆、主题博物馆、图书馆、美术馆和艺术馆等。在这些公共场馆内以陈列、展示、互动、体验等方式让人们了解文化产生、发展、演变和传承的过程。

（五）文化产业传承

文化产业是一种以生产和提供精神产品为主要活动、以满足人们的文化需要为目标的产业形态，既是特殊的文化形态，也是特殊的经济形态。其中，非物质文化遗产是备受关注的文化产业传承的重要内容，在长期的保护实践中形成了包括生产性保护、生活性保护和生态性保护等在内的保护方式。

第二节 中华优秀传统文化的当代价值

中华优秀传统文化在历史中积淀，跟随时代成长。时至今日，中华优秀传统文化依然有着强大的生命力和丰富的现实价值，是当代中国发展的突出优势和中华民族新时代发展的内在思想源泉和精神动力。

一 核心思想理念的价值引领作用

核心思想理念是中华民族和中国人民在历史发展过程中形成的对于人生、道德和社会等方面具有决定性影响的信念和价值取向的基本思想理念。核心思想理念是民族的精神支柱，也是人民的行动向导，对丰富人们的精神世界、建设民族精神家园，具有基础性、决定性作用。

（一）革故鼎新、与时俱进的思想为人们认识和改造世界提供有益启迪

"革故鼎新"是要彻底改革旧的体制、制度和观念，摒弃过去不适应时代发展的陈旧思想和作风，推动社会、经济、政治等方面的深刻变革，让社会不断发展进步。"与时俱进"是要顺应时代发展的趋势和需要，不断推陈出新，不断更新自己的思想和方法，适应变化的环境和需求，不断跟上时代的步伐。两者都是表达改革创新的意思，是马克思主义哲学唯物辩证法在实际工作中的具体运用，是正确处理事物矛盾和推动事物发展的科学方法。它要求人们要根据客观形势的变化和发展，不断解放思想、不断适应新形势，不断开拓进取、不断推动工作向前发展，为人们认识和改造世界提供有益启迪。

（二）脚踏实地、实事求是的思想为工作实践提供科学态度

"脚踏实地"是出自宋·邵伯温《邵氏闻见前录》的一个成语，意思是脚踏在坚实的土地上。比喻做事踏实，认真。"实事求是"出自东汉班固编撰的《汉书·河间献王传》"修学好古，实事求是"，意思是指从实际对象出发，探求事物的内部联系及其发展的规律性，认识事物的本质。两者都是说明实干精神和务实态度，强调实际行动和实际效果，追求实质的进步和成就。

（三）惠民利民、安民富民的思想为治国理政提供有益借鉴

中华优秀传统文化中蕴含着丰富的民本思想，早在商周之际

就有"敬德保民"的民本主义观念，经过演化发展，逐步形成了以儒家和道家为主要代表的两种民本思想。先秦儒家民本思想大部分继承了西周"敬德保民"的思想，再加以孔子主张"人之初性本善"，即便是荀子主张性恶论，也认为加以教化便可改善，故而在治理国家的过程中主张重德而轻刑。道家的民本思想，主要体现为"无为而治"和"小国寡民"的主张，主张尊重天道自然的客观法则和自然正义的思想，以及尊重民意的政治治理原则，比如"圣人无常心，以百姓心为心"等。这些思想无疑为新时代的治国理政提供了历史启迪和借鉴。

（四）道法自然、天人合一的思想为和谐稳定的关系提供借鉴思路

"道法自然"是出自《道德经》的哲学思想，"道"就是自然规律。"天人合一"为中国哲学思想，儒、道、释等诸家各有阐述。天指天空，也指天道，还指自然大道。天人合一，多指人与道合而"天地与我并生，万物与我为一"的境界，也指天人相合相应。"道法自然"和"天人合一"强调人类与自然、人与社会、人与自己之间的和谐关系，要求我们顺应自然规律，追求内心的宁静与和谐，这一观念能够促进社会团结，促进多样性和共融，帮助建立和谐稳定的社会环境。

二 中华传统美德和谐社会的作用

美德是美好高尚的道德品质，中华传统美德是中华民族在历史中传承保留的社会行为准则、优秀道德品质，比如仁爱、诚信、忠义、担当等等，这些道德观念在当代社会仍然具有重要的指导意义。它们为个人和社会提供了道德规范和人生准则，帮助人们做出正确的行为选择和决策。实现中国梦，不仅需要有社会

物质基础的极大发展,而且要有坚强的思想道德支撑。

(一) 天下兴亡、匹夫有责的担当意识

"天下兴亡,匹夫有责"言简意赅地指出个人应对国家兴亡承担责任,源于明末清初著名思想家顾炎武的《日知录·正始》,其中的"责"强调的是责任和担当,表达了国家治理中个体对国家和社会发展的责任意识,对激发中华儿女的爱国精神和责任意识发挥了重要作用,这种崇高的社会责任感被认为是中华民族的美德。

(二) 杀身成仁、舍生取义的民族气节

"杀身成仁"是指自身牺牲实现仁爱之道,以尊重他人、超越自我的态度来表示;"舍生取义"舍弃自身去实现一种可贵的目标,以正义和勇气维护自己的原则。两者都是宁愿舍弃生命,也要选择"仁爱"和"道义",后者是被高度赞美的两种美德,它们不仅表现在倡导义务性的心态上,还体现在把自己放在一边而不怕牺牲自己以实现目标的行为上。后来,"杀身成仁"和"舍生取义"往往用来指为正义事业而甘愿牺牲生命,不仅是内涵深远的成语,而且是一种令人钦佩的美德精神,深刻体现了中国文化中的正能量和民族精神,是中国人民永恒的信念,也是中国文化价值观的根本。

(三) 精忠报国、振兴中华的爱国情怀

"精忠报国"的意思是指为国家竭尽忠诚、牺牲一切,出自唐·李延寿《北史·颜之仪传》,《宋史·岳飞传》中记载了抗金名将岳飞的母亲为了激励他报国而在其背部刺上"精忠报国"。精忠报国,是一种内心强烈的爱国主义,是对国家和民族的维护和发展的一种承诺和信仰。岳飞虽然被奸臣陷害英年早逝,但他至死精忠报国的精神永不磨灭,深深反映了中国文化中家国一体的特点，也激励了一代又一代中华儿女，为救亡图存、振兴中华，为国家的利益和发展而奋斗，前赴后继，死而后已。

（四）崇德向善、见贤思齐的社会风尚

"崇德向善"意思是崇尚高尚品德，向往友善和谐，是一种遵从品德，努力向善的自我追求。崇德向善源自中国儒家思想，儒家思想以德善为核心，引导良俗善举。"见贤思齐"源自《论语》，是指见到有才德的人就想着与他齐平。"崇德向善、见贤思齐"是处理个人与他人、个人与社会之间的关系与行为规范，即实现自律完善的一种重要精神力量，其中道德、善念、贤才的内涵都是与时俱进的。"崇德向善、见贤思齐"不仅是中华文明发展历史的光辉结晶，是中华民族发展的宝贵财富，也是社会主义核心价值观的重要组成部分，是建设有中国特色社会主义伟大事业的强大动力，也增进了人类与自然、国与国、人与人之间的和谐发展。

（五）孝悌忠信、礼义廉耻的荣辱观念

"孝悌忠信、礼义廉耻"是中国古代传统道德观念中的八德。从起源上看，孔子最早提出"仁""礼""义"三个范畴，孟子进一步提出"仁义礼智"四个范畴，董仲舒在此基础上加了一个"信"，发展为"仁义礼智信"五常，成为当时普遍认同的价值标准。此后，"五常"一语频频出现在史籍中，宋代在综合先秦儒家道德观念的基础上，形成了"孝悌忠信礼义廉耻"八德，成为中华传统文化的精神内核。"孝悌忠信"是孝顺父母、尊敬兄长、忠诚、守信等行为准则；"礼义廉耻"则是指人要守礼知耻，有正确的荣辱观。八德不仅是古人对荣与辱的评价标准的价值确认，也体现着评判是非曲直的道德标准，是最具代表性的中华传统美德，已经沉淀为中华民族的精神基因，为中华文明注入深厚

的伦理责任和家国情怀，潜移默化地影响着中国人的行为方式。

三　中华人文精神的精神动力作用

人文精神是中华文化传承和发展的核心，包含了中华民族的思想、文化、艺术、伦理、道德、信仰等，代表了中华民族精神的高度和深度，是中华文明和文化创造的灵魂和体现，具有激励人类追求更高尚理想和意义的力量，能促进社会和谐与文化交流，对社会进步产生重要的推动作用。

（一）求同存异、和而不同的处世方法

"求同存异"出自《礼记·乐记》，意思是找出共同点，保留不同意见；"和而不同"出自《论语·子路》是指和睦地相处，但不盲目苟同。"求同存异、和而不同"的思维方式是中国传统文化的重要特色，"和"代表包容多样性和差异性基础上更高级别的统一，"同"则是无差别的同一性，代表了中国人典型的处世方法。尤其是人和的思想，在中国人为人处世之道中占据着重要的地位。从和平、和睦到和谐、和合，中国人对"和"的探究，不只体现在战争与和平的关系上，还深入自然法则、人类社会发展规律来理解"和"。在这种思维方式下，中国人在为人处世和政治治理中强调求同存异、互补互济，也表现为中华文明突出的和平性。

（二）文以载道、以文化人的教化思想

"文以载道"出自《通书·文辞》，意思指文章要承载道德教化，是用来说明道理或学说的；"以文化人"最早出自《周易》："观乎人文以化成天下"，其中"文"是指文字、文章、礼乐制度、鼓乐、曲艺等，"化"是指人受教而变化，本义作"教行"解，"以文化人"实质是以人文之道化人，核心是"德"，就是通

过"文"能够影响和感化人，使其具有良好的道德品质，即文化建设可以改变人们的思想，提升人们的素质。

(三) 形神兼备、情景交融的美学追求

"形神兼备"是指事物在形态和内涵上都具备美感。形态美强调外在的形状、结构和比例的和谐，而内涵美则强调事物所蕴含的意义、情感和思想。当形态美和内涵美相得益彰时，事物才能真正展现出形神兼备的美；一般指书法和雕塑绘画等艺术作品不但有美妙的形态且有神韵。"情景交融"是内心的感情和客观的景物相互融合在一起，一般指文艺作品中环境的描写、气氛的渲染跟人物思想感情的抒发结合得很紧密，情感和环境融合得很好，不仅仅是静态的形象，它们还能通过情感的表达和环境的营造，将观者带入一个特定的情景中。这种情景交融使得艺术作品更具有生命力和感染力，让观者能够身临其境地感受到其中所表达的情感和意义。"形神兼备、情景交融"在形式和内涵之间寻求平衡，将情感与环境融合，创造出美的艺术作品，是美学追求的重要内容，共同构成了人们对美的追求和欣赏。无论是绘画、音乐还是建筑，都需要在形态和内涵上兼备美感，并通过情感和环境的交融，使作品具有更深层次的意义和感染力。这种美学追求不仅仅是艺术家的追求，也是观者在欣赏作品时所期待的体验。通过形神兼备和情景交融的美学追求，我们能够更好地理解和欣赏艺术作品，同时也能够在日常生活中更加敏锐地感知和体验美的存在。

(四) 俭约自守、中和泰和的生活理念

"俭约自守"是古代士人修身养性的一种生活方式，指的是坚持自己勤俭节约的品德；"中和泰和"，中和是平衡、调和、调解，泰和是天地间冲和之气，广阔和谐、和平安宁。因此，中和泰和的含义是平衡调和、和谐安宁。古代文人对人生有着独特的观念和领悟，他们倡导俭朴的生活方式，认为人生的意义在于追求内心的真理和美好，在物欲横流的社会中，不被名利所迷惑，也不喜奢华和浮华，而是注重精神追求和修养，追求心灵的自由，由此形成的"俭约自守、中和泰和"生活理念对后世产生了深远的影响。

四 中华优秀传统文化为坚定文化自信自强提供有力支撑

（一）中华优秀传统文化是坚定文化自信的底色

在人类文明发展史上曾出现过数十种文明形态，但只有中华文明经受住了时间和各种挑战的考验，成为唯一没有断层的文明。中华文明一直保有的活力、生命力和适应力足以让中华民族感到骄傲和自豪，这是中华民族文化自信的最大底气。

中华文化在产生、发展的不同阶段形成的宇宙观、天下观、社会观、道德观等始终与中华各民族人民的社会生活紧密联系并双向互动，由此凝练成中华各民族共同认同的思想基础，融进中华儿女的骨血中，成为世代相传的文化基因，也是中华文明的底色和特色。可以说，中国特色在客观上立基于传统文化，只有充分认识优秀传统文化，才能更好地理解中国特色、中国精神和中国道路。从这个意义上讲，中华优秀传统文化是建设文化强国的突出优势，传承弘扬优秀传统文化是发展中国特色社会主义文化的必然要求。

（二）中华优秀传统文化为当代社会发展提供文化动力

首先，从未中断的中华文化维护着中国团结统一的政治局面，维系着统一多民族的大家庭，为中国社会的发展进步提供了和平稳定的环境。优秀传统文化是民族之存续及独特性的文化标识。随着民族的逐步形成，根植其中的文化展现出越来越强烈的凝聚力和向心力，从而成为维系民族的纽带。

其次，优秀传统文化中蕴含中国古人的智慧和经验总结，有助于应对当今社会面临的新问题和新挑战。比如，以"天人合一、万物并育"思想为代表的中国古代传统生态观念为我们理解和实现人与自然和谐共生提供了宝贵的理论资源，为中国生态文明建设提供了丰富的思想滋养。

五 中华优秀传统文化是构建人类命运共同体的重要文化思想源泉

新时代中国特色大国外交理论和实践的集中体现是坚持推动构建人类命运共同体，这一思想离不开中华优秀传统文化的浸润和滋养。

（一）中华优秀传统文化中"大同理想"蕴含着最早的人类命运共同体理念

天下大同，原是儒家宣扬的"人人为公"的理想社会，为中国古代社会的基本思想。"天下"是古人对世界的表达；"大同"出自《礼记》，是一个人类平等、天下和合、四海一家的世界，是"仁"的最终归途。从先秦时期开始，中华文化就以追求"世界大同"和"兼济天下"为己任，《周易》里有"万国咸宁"，《论语》中的"四海之内皆兄弟"等观念都体现了中华民族历代先贤智慧卓识的天下观，天下大同是中国传统文化的智慧，与马克思主义理论中在"世界历史"条件下通过发展分工和普遍交往而超越民族狭隘性的思想有相当高度的契合，也是对当代国与国之间命运共同体的意义的诠释，"推动构建人类命运共同体"则是对古代大同理想的现代阐释和实践。

（二）中华优秀传统文化中"和合文化"对构建人类命运共同体有重要的理论价值

中国传统"和合文化"的"和合"一词，首见于《国语·郑语》："商契能和合五教，以保于百姓也。""和合"二字最能体现中国精神文化核心和精髓，中国人自古以来信奉"己所不欲，勿施于人""和谐万邦"的理念，《论语·学而》中的"礼之用，和为贵"说明中华民族历来爱好和平，不认同"国强必霸"的逻辑。随着人类活动范围越来越广，整个地球成为"地球村"，新的全球化问题会不断出现，这更需要人与人之间的相互理解、相互包容、相互合作。和合文化强调的责任意识、奉献精神、合作理念对增进不同国家、种族、宗教、文明之间的交流对话，促进世界和平发展有着重要的理论价值，与构建人类命运共同体的理念相契合。中国的发展不走西方国家的老路，而是坚定不移地走和平发展道路，"和合文化"可以帮助各国在求同存异的基础上做到"求同存和"，在"和而不同"的基础上做到"和而合之"。

中华优秀传统文化还有凝聚整合价值、借鉴启发价值、德育教化价值、审美娱乐价值、文化产业价值、世界和平发展价值等多元价值。正是这些价值让优秀传统文化在中华五千年的文明历程中始终展现出巨大的生命力，激励着中华儿女克服一个又一个困难，使得中国人民对中华文化愈发地自信。

第三节　推动中华优秀传统文化创造性转化和创新性发展

推动中华优秀传统文化创造性转化、创新性发展（以下简称

"两创")是中华民族伟大复兴的必然要求,也是中国特色社会主义文化建设的现实需要。2017年《意见》出台后,中华优秀传统文化传承发展在各界掀起热潮,弘扬传统文化的社会氛围日渐浓厚。

一 推动中华优秀传统文化"两创"理论的发展历程

"创造性转化、创新性发展"最早出现在2013年,并随着中华优秀传统文化的传承工作的深入逐渐发展完善。

2013年国家提出"中华传统美德的创造性转化、创新性发展"之后,接着从中华传统美德扩展到中华文明的"创造性转化和创新性发展",2015年明确为中华优秀传统文化的"创造性转化和创新性发展",并于2017年写入党的十九大报告。"两创"成为学界研究重点,不少学者针对"两创"开展了研究和实践,随后两个相结合的提出进一步拓展了"两创"的内涵。

2023年10月7—8日,全国宣传思想文化工作会议在北京召开,会议首次提出了习近平文化思想,"两创"理论进一步成熟完善。

二 推动中华优秀传统文化"两创"的前提

(一) 坚持以科学的马克思主义理论为指导

马克思主义是我们立党立国、兴党兴国的根本指导思想。新时代推动中华优秀传统文化"两创"需要科学对待民族传统文化,将马克思主义基本原理同中国具体实际紧密结合起来。用科学的方法推动马克思主义中国化与弘扬中华优秀传统文化同向而行,以马克思主义引领中华优秀传统文化的发展,为其民族形式附上更高价值的科学内涵,使中华优秀传统文化与时俱进、守正出新。

(二) 要坚持为人民服务的根本方向

人民性是马克思主义的本质属性，人民立场是中国共产党的根本政治立场。

坚持人民至上既是对中华民族"民本思想"的传承与超越，也体现了马克思主义群众史观和历史规律分析方法。坚持人民至上开展"两创"工作就是要站稳人民立场，充分尊重人民群众的意愿，集中人民群众智慧，切实发挥人民在"两创"工作中的主体作用，以为人民谋幸福作为目标，调动人民的积极性、主动性、创造性，不断提升人民的获得感、幸福感、安全感。

三 推动中华优秀传统文化"两创"的路径

中华优秀传统文化的"两创"是我国民族传统文化向现代转型的一条主要路径，但当前推动"两创"的主体和方式较为单一，尚不能满足人民群众日益增长的文化需求。人民群众对优秀传统文化的认识存在偏差，对传统文化的现实意义解读不够，特别是"新文化运动"以来，部分观点对我国传统文化持否定态度，再加上外来文化对传统文化造成的冲击，给优秀传统文化的传承带来了一定压力。比如西方圣诞节、情人节等一系列节日广泛传播，而中国传统节日却渐渐被淡化了；西方传入的街舞、摇滚、Rap等被年轻人大加追捧，而中国的传统曲艺、民间音乐以及国粹京剧等受到了不同程度的冷落。

(一) 深入理解中华优秀传统文化"两创"工作的内涵

"两创"发展是一项系统工程，需要牢牢把握方法论自觉，在深入理解"两创"内涵的基础上做好顶层设计、讲究方式手段、寻求路径创新，让传统文化精髓重新焕发新的生机。中华民族现代文明对中华优秀传统文化的继承并不是简单地照搬，而是要推陈出新，做好创造性转化和创新性发展。

1. 创造性转化是"推陈"的过程

"推陈"旨在传承中华优秀传统文化，致力于从今天的角度来阐释传统文化，将中华优秀传统文化陈旧的、不适应时代发展的去除，使其精髓融入当下的社会环境，积极创造符合新时代的、更加贴近大众口味和需求的形式，以适应时代发展，实现中华文化的传承。

2. 创新性发展是"出新"的过程

"出新"旨在发展中华优秀传统文化，致力于用传统文化的创新内涵解决今天的问题，通过对中华优秀传统文化内涵的深入挖掘和提炼，为时代带来新的内容，赋予其新的活力和生命力。中华优秀传统文化的创新性发展侧重在"出新"，重点强调的是对至今仍有借鉴价值的思想赋予新的时代内涵。

3. 把握"两创"之间的关系

推进中华优秀传统文化的创造性转化、创新性发展的过程就是实现中华优秀传统文化与新时代文化相融相通的过程，"两创"思想蕴含着深邃的辩证法，两者相辅相成，缺一不可。在推进过程中，既要通过创造性转化使之呈现富有时代气息的价值内涵和表达形式，激活其生命力，又要通过创新性发展使之拓宽内涵与外延，增强其感召力。创造性转化是创新性发展的前提，创新性发展则是创造性转化的目的，两者互补互促，相得益彰。

（二）丰富中华优秀传统文化"两创"工作的主体

做好中华优秀传统文化的"两创"工作要在坚持中国共产党领导的基础上形成弘扬中华优秀传统文化的全员效应。

1. 坚持中国共产党的领导

中国共产党自成立以来一直致力于推动中国现代化的发展，并将中华优秀传统文化作为精神核心不断传承和弘扬。在构建中华民族现代文明，推动中华优秀传统文化"两创"工作中坚持守正创新，就要坚持中国共产党的文化领导权。中国共产党既是承续中华文明的使命所系，又是激活中华古老文明内在价值的再造者，既是中华民族先进文化的传承者，又是引领与弘扬者。党员干部要统一思想、带头实践，在任何场合都要将弘扬中华优秀传统文化作为高度政治意识的体现。

2. 提升主流媒体的平台优势和传播效能

主流媒体要承担起弘扬中华优秀传统文化的重任，要充分运用平台优势和工作能力，为广大人民群众献上中华优秀传统文化的精神盛宴。

3. 引导鼓励社会力量参与公共文化服务

政府是公共文化服务的主体，要改变公共文化服务提供主体和提供方式单一的情况，就需要变管理型政府为强化型政府，让政府从事务性工作中解脱出来，将工作重点放在顶层设计、长远谋划、宏观调控等方面，通过进一步完善体制机制，充分调动各方积极性，形成多元主体协同发展、共同发力的常态格局。

4. 推动人民群众成为参与者和创造者

人民群众是历史的创造者，社会群体同样要将弘扬中华优秀传统文化作为自觉担当，主动为坚定文化自信、打造文化强国群策群力。推动人民群众成为参与者和创造者的关键还在于成功营造大众乐享的文化氛围，令体验者感觉既自在又自洽。近些年来，汉服热、马面裙流行等文化现象说明越来越多的人开始高度认同含有中华优秀传统文化元素的服饰、饮食、礼仪等，彰显出中国人的文化自信。充分说明创造历史的人民大众更能成为文化的参与者、创造者，让每个中国人都参与到中华优秀传统文化的传承和建设中，才是让传统文化融入寻常生活，唤醒传统文化的生命力，进而增强认同感和凝聚力，形塑文化主体性。

5. 发挥学校传承弘扬中华优秀传统文化的独特优势

文化是人类社会的瑰宝，也是教育的灵魂。教育是传承文化能动性活动和重要途径。一方面，中华优秀传统文化内容丰富为学校教育提供了丰富的教学资源，帮助学生形成良好的道德品质和人文素养。另一方面，我国几千年传承的中华优秀传统文化，讲求的修身、齐家、治国平天下观念与当前社会提倡的价值观相得益彰。其所体现的主流价值共识，有助于提升学生群体凝聚力和文化认同感，对维系学校和社会平稳发展有益。

（三）完善中华优秀传统文化"两创"工作的机制

1. 构筑良好的文化传承生态

通过加强顶层设计和制度建设，加强现代话语体系、传播传承机制、实践养成机制、制度保障机制等的完善，切实将中华优秀传统文化融入人们的日常生活与社会实践，构筑良好的文化传承生态。

2. 营造良好的文化创新环境

文化是环境的产物，文化的发展是文化与环境互动的过程。中华优秀传统文化在保持自身独有性的前提下，应积极参与世界文化创造进程，提出自己的发展之路，剔除其中的非科学、非理性文化，创新传统文化的表现形式、丰富传统文化的内涵意蕴等等，打造传统文化现代化的创新环境。

（四）转变中华优秀传统文化"两创"工作的方式

1. 焕新传统文化元素

做好中华优秀传统文化的"两创"需要更好地认识和把握时代潮流，用符合时代需求的方式做好中华优秀传统文化的阐释工作，不断补充深化中华优秀传统文化的内涵，使之与时俱进。近年来，《唐宫夜宴》《洛神水赋》《龙门金刚》《女娲补天》等节目屡上热搜、好评如潮。究其原因，正是在于其以中国传统文化元素为载体，结合当下生活和现代审美，把蕴含家国情怀与文化密码的故事讲得精彩。与此同时，国潮、最炫民族风在很多历史文化名城和民族元素汇聚之地流行，使传统文化再现勃勃生机。

2. 采用适应民众阅读习惯的传播方式

随着信息技术的飞速发展，民众的阅读不再局限于传统的纸质文本阅读，数字化信息技术赋权的碎片化阅读成为现代社会人类阅读的主要方式，"读图时代""视频时代"已悄然来临。要推进中华优秀传统文化的"两创"，必然需要加快转变中华优秀传统文化的表现形式，以"图说""数说""影说"等更加贴近民众阅读习惯的多元化方式进行弘扬和传播，在微信、微博、抖音、公众号等多种媒体平台上，以生动、活泼的形式中提升传播效果，进行优秀传统文化的弘扬，全方位、多领域扩大辐射范围。

3. 善用新媒体技术手段

随着数字时代的到来，要大力利用数字技术促进中华优秀传统文化的保护、传承和发展，让收藏在博物馆的文物、分散在各处的历史遗迹，以及记录在古籍中的文字重现生机。同时运用现代科技手段丰富优秀传统文化的现代化表达及艺术化呈现，让人们在沉浸式体验中感受延续中华文脉。历史文物通过多种形式走红，也能为当地带来大量游览者，流量中蕴含着不小的发展动能。

（五）打开中华优秀传统文化"两创"工作的国际视野

1. 坚守民族文化本位

中华优秀传统文化是中华民族的文化根本，坚守中华文化立场是文化自信的体现，体现了我们对中国五千年文明史积累形成的中华优秀传统文化生命力的坚定信念以及由此产生的对自身文化价值的认同。人类发展的历史，就是不断全球化的历史。在势不可挡的全球化浪潮中，我们应该在坚持民族文化本位的基础上，批判继承传统文化，辩证地吸收外来文化，坚持兼容并蓄，让中华优秀传统文化活起来、传下去。

2. 与外来文化和而不同

人类文明有差异而美丽，世界文化因多元才发展。晚清时期，中国因闭关锁国政策错失了近代化的机会，新时代，我们用"一带一路"再次打通会通之路，用和而不同构建人类命运共同体，携手各国共同走向现代化之路。

传统文化是一个国家、一个民族传承和发展的根本，中华文化的发展繁荣是中华民族伟大复兴的重要内容。进入新时代，中华优秀传统文化也在不断地发展和演变，我们需要在更广泛认同的基础上提升传统文化的影响力和吸引力，让中华文化在世界文化的舞台上展现出更加独特的魅力，创造中华文化新的辉煌。

第三章　地方优秀传统文化与高校拔尖创新人才培养

中华优秀传统文化作为中华民族独特的精神财富，承载着中华民族的智慧和价值观，同时，由于中国广袤的土地和多元的民族，中华优秀传统文化也展现出地域文化差异的特点，在地方特色中更显出中华优秀传统文化异彩纷呈之美。

湖北省地处荆楚大地，有华中腹地优越的地理位置、丰厚的历史文化底蕴、湖光山色的自然风光，千百年来为世人所称道，素有"千湖之省"的美誉。湖北高校云集，也是中国的教育大省。湖北独特的荆楚文化是华夏民族文化的重要组成部分，孕育了绚丽多姿的文化遗产，包括楚辞、楚剧、荆山、荆州古城等，各具风采，也为湖北高校的文化育人提供了丰厚的资源。

第一节　湖北省文化资源特色与价值

在广义上，文化资源既包括前人所创造积累的文化遗产库，也包括今人所创造的文化信息。从文化资源总量而论，湖北省是当之无愧的"文化大省"。

一　湖北省文化资源总量丰富

从历史角度来看湖北省的文化资源种类丰富、浓墨重彩，有以荆楚文化为代表的历史文化、以武昌起义为代表的革命文化、以神农架为代表的山水文化、以恩施土家族为代表的民族文化、以武当山为代表的宗教文化等。

截至 2023 年，湖北境内有武当山古建筑群、钟祥明显陵、恩施土司遗址 3 项世界文化遗产，神农架 1 项世界自然遗产；有大冶铜绿山古铜矿遗址、随州枣树林墓地遗址、荆门屈家岭新石器时代遗址、荆州鸡公山旧石器时代遗址、天门石家河遗址、武汉盘龙城遗址等古文化遗址；有荆州等 5 座国家历史文化名城和全国重点文物保护单位 168 处。

湖北省文化和旅游厅统计数据显示，截至 2022 年 4 月底，登记备案博物馆达 234 家；文旅系统归口管理博物馆 127 家，其他国有行业博物馆 42 家，非国有博物馆 65 家。尤其是武汉市着力打造"博物馆之城"，现有各类博物馆 124 家，达到每 10 万人拥有 1 座博物馆，多项指标在副省级城市名列前茅。

同时，湖北省非物质文化遗产星汉灿烂，有 5 项 11 个子项目列入人类非物质文化遗产代表作名录，数量位居全国前列。有屈原传说、武当山宫观道乐、黄梅戏、汉剧等国家级非物质文化遗产代表性项目 145 项，省级非物质文化遗产代表性项目 601 项；国家级非物质文化遗产代表性传承人 102 人，省级非物质文化遗产代表性传承人 787 人。2007 年起，截至 2020 年，先后公布了 6 批省级非物质文化遗产代表性项目名录 367 项。

二　湖北地方文化特色分析

中国历史悠久，文化资源丰富，在全国范围内，类似湖北省这样的"文化大省"也不少,要在众多"文化大省"中拔得头筹,就得立足于本省的文化资源,分析本省文化资源中的绝对特色和相对比较特色,实施差异化发展战略,而这一点已成为文化大省的共识。比如,经过多年对本省文化资源特点的分析和认识,很多文化大省都总结并大力宣传能代表本省特色的文化品格。河南省的"中原文化"、山西省的"晋商文化"、江西省"红色文化"、湖北省的"荆楚文化"等都成为各省的文化名片。因此,要促进湖北省文化建设的进一步发展,必须先分析湖北省文化特色和文化价值。

在上文分析的湖北省各类文化资源中,有属于湖北省独一无二、不可模仿的原创性文化资源,比如世界文化遗产武当山、明显陵;有属于具有现代性、独特性的文化资源,比如三峡大坝;还有属于一般价值的文化资源,比如各种古迹遗址等。在归纳整理各类文化资源的基础上,湖北省地方文化特色可以概括如下。

(一) 以开放包容为代表的核心思想理念

湖北武汉"九省通衢",是中国经济地理的交通枢纽,具有承东启西、沟通南北、维系四方的作用。古时的"九省通衢"主要是走水路,近代史上,《天津条约》签订后的1861年,汉口正式开埠,因商业兴盛被称为"东方芝加哥"。现代的武汉不仅拥有优越的水运条件,还利用中部城市和江汉平原的地形优势,建立起了早期的铁路运输系统。来往频繁的商贸活动和四通八达的地理环境,使武汉有机会接触到来自四面八方的文化,在"和而不同"与"不同而和"的同时,也塑造了武汉人乐观豁达、不保守不排外的心态,以及有容乃大的气魄和胸襟。

(二) 以忠孝文化为代表的传统美德文化

关羽是著名的三国人物,镇守湖北荆州十年,一生令人仰慕的品格与业绩主要在镇守荆州期间展现,最早的关庙也是始建于荆州。关羽初为汉民族所崇尚的忠义英雄,后因其"对国以忠、待人以仁、交友以义、作战以勇",成为中华民族"忠义精神"的象征,其诚信精神也被商界奉为经商信条,勇武为平民所敬仰,历经顶礼膜拜,由侯而王而帝而君而圣,终演变为威震华夏的中华武圣,诚信是中华民族的传统美德,也是社会主义核心价值观之一,更是市场经济发展的重要基石,对关公的信仰增强了整个华夏民族的认同感,在一定意义上强化并凝聚了民族精神。

百善孝为先,孝乃百行源。孝老爱亲,是湖北优秀传统文化的一张绚丽名片。湖北孝感距今已有1500多年的历史,是全国唯一一个以"孝"命名的地级市,是著名的孝道之都、孝子之乡和孝文化名城。早在南北朝时期,孝感地区就因"孝子昌盛"而定名为"孝昌"。古传"二十四孝",湖北孝感独占其三:董永卖身葬父、黄香扇枕温被、孟宗哭竹成笋。湖北孝感、麻城等城市以孝文化建设推进新时代文明实践,深入挖掘传统孝善文化,赋予孝善文化新的时代内涵,推进优秀传统文化创造性转化和创新性发展,形成了树孝善、厚孝善、崇孝善、聚孝善、弘孝善、明孝善之风,将文明新风润物细无声地传播到千家万户。

(三) 以敢为人先为代表的人文精神

武汉悠久辉煌的历史,孕育了"敢为人先,追求卓越"的人文精神,这不仅是古代史上楚人"不鸣则已、一鸣惊人"的昂扬气概,也是近代史上辛亥革命武昌首义"一声枪响,四方云动"的敢为天下先,彰显了武汉这座城市独有的历史魅力和精神气质,武汉人民秉承荆楚先民"筚路蓝缕、以启山林"的开拓精神,正着力建设国家中心城市和国际化大都市。

三 荆楚文化资源对湖北高校文化育人的作用

（一）荆楚文化资源为湖北高校文化育人提供丰富的素材

荆楚文化因楚国和楚人而得名，楚国既是"春秋五霸"之一，也是"战国七雄"中的实力大国，楚国和楚人创造的文化是长江流域古代文明的代表，是中华文明的重要组成部分。在荆楚大地上，在中国历史长卷上熠熠生辉的名人大家，与荆楚人民一起创造了丰厚的文明文化。同时，荆楚大地不仅是古文明发源地，也是近代革命的策源地，武昌首义、八七会议、八路军办事处、新四军五师司令部等革命遗址、红安将军县等都是极其宝贵的革命文化资源。

时至今日，源远流长的历史文化、美不胜收的绿色山水文化、灿烂辉煌的非物质文化遗产、实力雄厚的现当代文化等共同构成了新时代荆楚文化资源的丰富内涵，尤其是红色文化中的历史事件、历史活动、历史人物为湖北高校文化育人提供了丰富的素材。

（二）荆楚文化资源是湖北高校文化自信的底蕴和源泉

湖北历史悠久、地方传统文化资源丰富，同时也是教育大省，有7所"双一流"建设高校和中国科学院武汉分院等科研院所，高等教育整体综合实力在全国位居前列。除了人才培养、科学研究和社会服务功能之外，文化传承也成为高校的重要职能之一，荆楚文化作为湖北高校所在地域的特色文化，必然成为湖北高校文化建设的底色和底蕴，也是湖北高校文化自信的源头活水，为湖北高校文化育人提供了得天独厚的资源条件。

湖北高校将地方优秀传统文化融入育人过程，可以增强高校学生的民族自豪感和文化自信心、可以提高高校学生人文素养和综合素质、可以培养高校学生的创新精神和实践能力、可以促进高校学生的思想政治建设和价值观形成。新时代里，湖北高校要培养学生文化自信，需要将荆楚文化资源融入育人机制和育人环节，通过文化塑造高校形象，进而主动积极推动提升湖北城市形象的塑造。

第二节　高校文化建设与拔尖创新人才培养

文化是一个民族的血脉，也是一所高校的灵魂所在。新时代里，文化传承与创新成为高校的重要职能之一，也是丰富校园文化，凸显办学特色的重要途径。对高校而言，地方特色文化资源是高校文化育人的重要资源和文化自信的重要来源，只有具备文化自信，才能真正将中华优秀传统文化不断传承发扬下去。

作为教育大省的湖北高校云集，高校的文化建设关系着湖北城市形象的塑造。荆楚文化资源是新时代湖北高校文化育人的重要资源，源远流长的历史文化、美不胜收的绿色山水文化、灿烂辉煌的非物质文化遗产、实力雄厚的现当代文化等共同构成了新时代荆楚文化资源的丰富内涵。荆楚文化资源要深度融入新时代高校文化育人中需要做到四合：与高校课堂相配合、与校园文化相融合、与实践育人相结合、与大学精神相契合。

一　高校文化建设与文化育人

（一）高校文化建设的作用

1. 大学的核心竞争力在于深厚的文化底蕴和鲜明的文化个性

王冀生教授认为，现代大学的本质是一种功能独特的文化机构，文化育人是教育本质的核心，是现代大学的根本特征。发展高等教育，必须以人为本，通过文化的传承、创新、实现个体社会化的目标，培养高素质的文化人。提升国家文化软实力是实现中华民族伟大复兴的重要着眼点，而大学的核心竞争力更是以文化底蕴的竞争为鲜明特色，重视校园文化建设是大学发展的必然要求。

2. 时代发展要求大学必须承担引领社会文化的重任

大学除了人才培养、科学研究和社会服务功能之外，还应义不容辞地承担起引领文化的重任。大学引领文化的功能往往集中凸现在社会转型、生产力水平跃升、外来文化与传统文化冲突和政治变革时期。当前，我国正处于两个一百年大变局中，产业结构调整升级、创新型国家建设等都需要精神力量的支撑，面对这样的形势，大学必须加强文化建设，更好地发挥大学的引领功能。

3. 学术创新将成为高校校园文化的价值取向

科技创新是高校的重要职能之一，在新时代，综合国力的竞争日益表现为科学技术和创新人才的竞争，高校校园文化要有新的建构，学术创新将成为高校校园文化的价值取向。

(二) 高校文化建设面临的新挑战

1. 高校的核心竞争力在于深厚的文化底蕴和鲜明的文化个性

文化强国战略是国家发展和民族振兴的国家战略，而现代大学的本质是"一种功能独特的文化机构，文化育人是教育本质的核心，是现代大学的根本特征"[①]。尤其在"双一流"建设的背景下，高校的核心竞争力在于深厚的文化底蕴和鲜明的文化个性，文化建设是高校发展的重要战略，重视校园文化建设是高校发展

---

① 王冀生：《大学文化的科学内涵》，《高等教育研究》2005 年第 10 期。

的必然要求。

2. 时代发展要求高校必须承担引领社会文化的重任

高校除了具有文化的传承与发展基本职能之外，还应义不容辞地承担起引领文化发展的重任。回顾历史可以看到，从欧洲的文艺复兴、工业革命，到我国的"五四"新文化运动，都与大学文化的勃兴和引领有着明显关联。当前，我国正处于深入推进经济体制改革和产业结构调整的社会转型期，尤其需要中国特色社会主义先进文化的引领。在新时代里，高校必须加强文化建设，以人为本，通过文化的传承、创新、实现个体社会化的目标，培养高素质的文化人，更好地发挥大学文化引领的作用。

（三）高校文化建设的"位""力""魂"

文化有"位"才有"力"，有"力"方铸"魂"，高校要在继承中发展、在发展中创新，形成具有"自我灵魂"的校园特色文化。

1. 有"站位"的校园文化才有生命力

中华优秀传统文化是中华民族的精神命脉，校园文化的构建离不开传统文化的涵养与熏陶，校园文化要站位中华民族传统文化，从优秀传统文化中汲取营养，才有源源不断的生命力。比如，华中农业大学在校园文化活动狮子山欢乐节中加入充满了文化仪式感的传统游戏、传统民俗、传统表演等，用丰富多彩的活动让抽象的"文化"鲜活起来，能触摸、能感受、能体验、能参与，传统文化不再是书面的、冰冷的、呆滞的、想象中的，而是有温度的、鲜活的、欢乐的、在眼前的。正因为有传统文化的源头活水，校园文化活动才能迸发出蓬勃的生命力。

2. 有"品位"的校园文化才有吸引力

高品位的校园文化是高水平大学的重要标志，大学有什么样的文化精神，就会培育出什么样的人。以高品位文化送高趣味欢乐，将民族文化、学科文化、国家文化、科技文化等融为一体，多元文化之间的互动和对话最终展示出海纳百川的高校大气象、新时代精神，可以给师生带来审美的享受、思想的启迪、心灵的震撼。比如，华中农业大学组织的园艺节，将学科文化、学术风采和园艺人文结合，以"暖冬蔬果""花芳寻美""茶艺书画""园艺雅趣"等丰富多彩的园艺文化项目向公众开展园艺科普、展现园艺特色、传播园艺文化，推广园艺作物技术，让菜篮子和果盘子更丰盛，做到了激情与创意碰撞，文化与艺术交响。校园文化活动不仅有数量，更有品位，如同一个高引力场，吸引着越来越多的师生产生共鸣，让人不由自主地想要靠近。

3. 有"定位"的校园文化才有创造力

文化的核心是人，文化为人所创造，又在潜移默化中影响和制约着人。校园文化的创造者是师生，服务对象也是师生，只有定位师生、以师生为本，才能使校园文化具有旺盛的创造力。校园活动中赋予师生独立的人格、独立的精神，激励师生知行合一、不断反思、不断超越，师生不仅仅是观众，更是在活动中共同设计、共同学习、共同进步、共同成长。作为参与者的师生，感受到的是匠心的传承、文化的传承、家国情怀气度的传承，心灵得到浸润和滋养；同为创造者的师生也享受到智慧碰撞的乐趣，为校园文化不断产出、丰厚和积淀着新的内涵。

（四）研究生群体引领校园文化发展

研究生教育是高等教育的最高层次，承担着高端人才培养和科学技术创新的双重使命，当前在国家层面，研究生教育被提升到前所未有的新高度，被定位为高端人才的聚集器、国家科技创新的倍增器和中华优秀文化传承创新的推进器，给研究生教育改革发展提供了机遇。放眼国际，世界各国也纷纷将研究生教育视为科技竞争的核心支柱，无论是德国经典"洪堡理想"光环下的"科研—教学"理念，英国的精英式教育理念，还是美国特色研究生教育中的创新理念，以及日本在工业化浪潮中的实用性理念，虽然各国研究生教育理念各具特色，但本质上是共通的，都是为了更好地实现科研创新、文化传承和高层次人才培养，因而研究生教育的作用显得尤为重要。

研究生群体是大学校园里最具活力和创造力的群体，是大学校园文化的重要组织者、实践者和创造者。研究生群体文化是大学校园文化的重要组成部分，对提升校园文化品位和格调，推动校园文化健康发展起着促进作用。近年来，研究生招生规模持续扩大，在校生人数不断增多，研究生群体在校园文化中的作用越来越明显，地位越来越突出。新时期大学校园文化建设应该重视研究生群体的文化传承教育，凝聚研究生群体引领校园文化健康发展。

二　高校培养拔尖创新人才的历程

（一）拔尖创新人才培养的早期探索

"拔尖创新人才"一词最早出现在2002年，党的十六大报告提出，要"造就数以亿计的高素质劳动者、数以千万计的专门人才和一大批拔尖创新人才"。2009年著名的"钱学森之问"再次聚焦拔尖创新人才培养问题，同年年底，教育部启动"珠峰计划"探索培养拔尖创新人才。2011年，教育部选择了17所中国大学的数、理、化、信、生5个学科作为推进拔尖创新人才培养改革试点，率先开展"珠峰计划"；2021年又公布了第二批和第三批基础学科拔尖学生培养计划2.0基地名单；前后三批共有77

所高校288个基地入选拔尖创新人才培养计划,其中,涉农高校有3所,涉及专业均为生物科学。

在研究方面,2002年《中国高等教育》刊登的《按照党的教育方针培养拔尖创新人才》一文开启"拔尖创新人才"培养研究之先河,随后拔尖创新人才培养逐渐成为教育学术界探讨的热点问题。不同的研究者在使用该词时所界定的含义也有所不同,但大多包括了"创新""独立""杰出""引领""责任感"等特征,一般认为,"拔尖创新人才"除了能力突出之外,还能够引领或带动某一专业领域发展。对"拔尖创新人才"素质结构的培养设置集中在人格(个性)素养、创新素养、情商素养、领导和管理素养以及科学素养五大方面。[①] 各高校采取的具体培养措施也各有不同,但大都是以集中优势教育资源、开设人才培养特区,以及个性化的方式进行培养,如北大元培学院、复旦望道计划、上交大致远学院、浙大求是科学班、南开大学伯苓班、中山大学逸仙班、四川大学吴玉章学院、吉林大学唐敖庆班、山东大学泰山学堂等。

经过十多年的实践探索,从拔尖创新人才培养的成效上看,虽然部分高校形成了"一制三化"(导师制、小班化、个性化、国际化)、"本—硕—博"贯通培养等有效模式,但人才培养过程中还面临着建设目标与个体发展的冲突、模式设计与现实实施的抵触、多元智能发展与一元出口主导的对立等困境。[②] 究其原因,一方面在于拔尖创新人才的培养是一个系统工程,需要持续的资

[①] 陈权、温亚、施国洪:《拔尖创新人才内涵、特征及其测度:一个理论模型》,《科学管理研究》2015年第4期。
[②] 雷金火、黄敏:《中国拔尖创新人才培养:实践、困境、优化——基于中国部分一流大学人才培养实践的研究》,《上海师范大学学报(哲学社会科学版)》2022年第4期。

源投入和长期的跟踪观测；另一个重要因素在于本科学段教育对学生创新意识和创新能力的准备不够。因此，拔尖创新人才培养需要向更高的教育层次迈进。

（二）研究生拔尖创新人才培养

我国研究生教育起步较晚，从改革开放后开始迅速发展，部分高校虽然也有尝试自主设置人才培养特区，探索在研究生教育层次培养拔尖创新人才，但在宏观层面还缺少类似"珠峰计划""强基计划"等国家级大规模的研究生选拔培养计划。同时由于研究生教育是中国国民教育体系的最高层次，因此学术界一般沿用"高层次拔尖创新人才"或"研究生拔尖创新人才"一词，意指具有成为拔尖创新人才潜能的研究生群体。与其他学历层次的人才相比，研究生拔尖创新人才具有高层次性、研究性、创造性等特点，是更有可能突破"钱学森之问"的高层次人才。

1. 研究生群体的多元性和社会性

研究生群体的构成较本科生复杂：年龄跨度大，生活经历多样，有部分还已经结婚成家；学历构成多样，有大专、本科、硕士，学习经历、基础、起点不统一；研究生往往来自不同的本科院校，文化背景的渗透和积淀也造成了观念、思维、行为方式上的较大差异；同时，研究生的社会参与意识强，程度深，心理情感状态和思想状态社会化程度较高，具有突出的多元性和社会性特点。

2. 研究生群体的自主性和松散性

研究生独立能力较强，文化修养较高，学习不同于本科阶段的被动式学习，而具有自主性和自觉性的特点，学习的方式也因人而异，各有特点；同时，研究生分布在不同的学科专业，研究方向也不尽相同，班级功能弱化，而且研究生有独自的生活空间和生活方式，这些都决定了研究生群体的不统一性，研究生群体普遍存在集体意识淡薄，自我意识强烈的特点。

3. 研究生群体的学术性和创新性

研究生教育以科学研究为主，在导师的指导下发现问题、解决问题，注重研究生学术能力的提升和科研精神的培养；研究生教育并非义务教育，因此，研究生的成才意识和成就意识都比较强，并且具有较高的理论思辨能力，追求创新性科研成果，创造性能力突出。

三 荆楚文化资源融入湖北高校文化育人的路径选择

荆楚文化资源要融入新时代湖北高校文化育人的场域，需要做到：进高校课堂，与教学活动相配合；进学生活动，与校园文化相融合；进高校场域，与大学精神相契合；进实践基地，与实践育人相结合。

（一）与高校教学相配合

1. 荆楚文化作为教学内容进入高校课堂

课程学习是高校学生获取文化知识的主渠道，课堂教学是提升学生文化认知和文化素养的主要场所。而荆楚文化内容丰富，内涵深远，本身就是需要学习才能获取的文化知识。

从整体看，湖北高校普遍重视传统文化的育人作用，以课程教学、专业实践、社会活动等多种形式融入了传统文化教育，对推动传统文化"双创"发展起到积极作用。比如，华中科技大学开设《中国传统文化评析》等公共选修课；武汉大学开设《中国优秀传统文化导读》《国学经典粹读》《中国文化元典导论》等课程；中国地质大学开设《文化传播与表达》等课程；

中南财经政法大学开设《中国古典文学欣赏》《京剧艺术》等课程；华中农业大学开设《耕读中国》《绿色中国》《农业科技史》《中国传统文化》《中国农业文明史》《中国文化经典导读》《中国文学经典导读》等系列课程等。在此基础上，高校可以将荆楚文化直接作为教学内容纳入现有的通识课课程体系中，开设荆楚文化历史相关课程，如《荆楚文化导论》《湖北文化史》等供学生选修，促进学生了解本地特色文化，提升对湖北文化的认知和热爱，增强文化自信，充分发挥课堂、课程在育人中的主导作用。

2. 将荆楚文化融入专业知识的学习中

总体来看，湖北高校文化类课程设置的门数和课时比较少，在授课内容上，授课教师均注意融入文化的教育，只是一般采取的是"嵌入式"教学或"拼接式"教学，中华优秀传统文化在课程中的渗透力度还不够，地方传统文化资源挖掘不足、特色凸显不够，以文化人的途径还不够丰富，传统文化育人实效性还有待加强。因此除了通识课程之外，高校还可以对荆楚文化资源进行深度挖掘利用，尤其是与学生专业知识的学习相结合，每一位任课教师都可以把源远流长的历史文化、美不胜收的绿色山水文化、灿烂辉煌的非物质文化遗产、实力雄厚的现当代文化融入自己的学科专业知识授课课堂中去，降低理论教学的枯燥性，提高学科知识背后的文化内涵和精神价值，进行文化育人的积极探索。

（二）与高校校园文化融合

1. 校园文化的内涵及特色

校园文化是在校园这个特定的物理空间里，由教育者和被教育者创造形成的物质和精神文化成果的总和。校园文化是容纳多种文化因子的动态系统，也是一个学校办学特色和校园精神的集中体现。

校园文化具有以下特色：第一，继承性与时代性。校园文化的形成是一个继承与发展相结合的过程，高校在创立初始就不断有选择地吸纳社会文化，并通过几代人的调整、升华成为校园文化精髓；同时，校园文化本身处在社会文化的大环境中，也会打上时代的烙印，具备鲜明的时代特征。第二，封闭性与包容性。校园文化产生于高校这个特殊的环境中，对不同于办学理念的文化会有选择地割舍和扬弃，有的高校还采取封闭式管理，都使得校园文化具有了封闭性；但同时，高校又是各种思想、观念、价值取向的交汇地，在校园中可以看到社会各种文化现象的影子，这是校园文化包容性的体现。第三，学术性与创新性。学术追求是高校师生的重要追求，大学不断创造出新的理论、科技和文化成果。因此，学术性是校园文化中最具特色的特征，是校园文化区别于其他文化的显著标志；同时，高校校园文化的主体是具备创新精神和创新意识的高层次人才，校园文化也具有了创新性特点。

2. 荆楚文化资源与校园文化相融合

校园文化是一种特殊的文化模式，其导向功能、约束功能、凝聚功能、激励功能和辐射功能等时刻都在大学中发生着影响和作用。校园文化的核心是学校共同的价值观念、价值判断、价值取向，同时，由于高校身处地域文化之中，其校园文化从建立、到发展必然受到地域文化的熏陶和影响。

在新时代，高校校园文化要有新的建构，可以通过大环境影响小环境来实现，结合地方特色、充分利用地域文化资源来繁荣校园文化建设。对于湖北高校而言，搭建校地双方交流平台，对荆楚文化资源进行深度挖掘，找到与校园文化的结合点，形成自己独特的特色校园文化是推进高校文化育人的重要途径之一。荆楚文化资源丰富的地方政府、机构也要主动与高校合作，开展诸如"荆楚文化进校园"等活动，在与高校校园文化的互动中丰富荆楚文化的现代内涵。

（三）与大学精神相契合

法国社会学家皮埃尔·布迪厄借用物理学场域概念并结合现代社会被高度分化的事实发展了场域理论。他认为，场域是在各种位置之间存在的客观关系的一个网络，或一个构型。在其中有内含力量的、有生气的、有潜力的存在，已经超出了被一定边界包围的物理空间领地范畴，是一种独立于个人意识和意志之外的客观关系。高校是教育场域最常见的载体和媒介，教育实践是高校教育场域的核心价值与形式，以某种共同价值为目的并形成价值牵引力和统摄力，不同性质、阶段的学校类型因不同的教育价值取向、教育理念形成不同的大学文化和大学精神。比如，武汉大学的"自强、弘毅、求是、拓新"、华中科技大学的"明德、厚学、求是、创新"、华中师范大学的"求实创新、立德树人"、华中农业大学的"勤读力耕、立己达人"都是大学自身存在和发展中形成的具有独特气质的精神形式的文明成果，荆楚文化要融入湖北高校的文化育人必须与高校的大学精神相契合，才能实现真正的同频共振和深度融合。

荆楚文化具有开拓进取、务实创新等丰富的精神内涵，与湖北高校的大学精神在内核上的一致性决定了荆楚文化与湖北高校大学文化能够在深层次上实现融合，湖北高校在凝练校本文化、大学精神的时候也要注意吸收荆楚文化的精粹，结合新时代精神，进行继承和发扬。

（四）与高校实践育人相整合

实践是高校人才培养的重要途径，学生在实践中既能学以致用检验对专业知识的理解和积累，也能在分析与解决现实问题的能力上得到锻炼和提高。教育部等部门《关于进一步加强高校实践育人工作的若干意见》在实践教学环节提出了明确的学分（学时）的比例和时间要求，比如，"专业学位硕士研究生不少于半年"[①]。高校学生的实践环节形式有社会调查、暑期实践、企业调研等，目前，高校学生大多数的社会调查、课题研究等专业实践是在实践基地中完成的，因此，实践基地成为提升学生实践能力培养的重要载体。

高校在与行业龙头企业联建实践基地、开展学科专业教育实践的同时，也需要加大文化育人基地建设，尤其是借助荆楚文化资源丰富的地方政府、机构联合搭建具有地域特色的文化育人基地平台，在基地中设置若干"文化导师"席位，该席位的设置侧重强调导师文化育人职责，选聘具有丰富实践经验的工作人员担任，同时，配套制订关于"文化导师"席位的工作内容及责、权、利细则，"文化导师"需要完成既定工作任务，也有一定权利。以基地为实体聘用"文化导师"，既规避了高校聘任在人事制度上的障碍，又可以量身定制较为灵活的工作细则。以清晰的责权利细则充分调动"文化导师"参与文化育人的积极性，提高校外单位文化育人过程中的参与度。另外，还需要明确高校和联建方的责、权、利关系，在此基础上促进实践基地建设，共同开展文化育人实践。

---

① 《教育部等部门关于进一步加强高校实践育人工作的若干意见》，http://www.moe.edu.cn/publicfiles/business/htmlfiles/moe/s6870/201209/142870.html，2023 年 4 月 13 日。

（五）与高校社会服务相融合

社会服务是高校的基本职能之一，包括社会实践、技术服务、志愿活动、社会合作等多个方面。高校利用自身资源优势开展社会服务，一方面是向社会输出科技创新技术成果，促进科技进步和社会经济的繁荣，另一方面，开展社会实践也是培养学生社会责任感和志愿精神，使得学生更好地认识社会的重要渠道。比如，华中农业大学结合地方传统特色，连续开展"乡村振兴荆楚行"活动，聚焦粮食安全、重要农产品供给加强科技支撑荆楚产业，重点实施科技支撑荆楚产业、荆楚"三农"人才培育、乡村建设服务支撑、乡村生态振兴服务和乡村治理赋能强基五大行动，培养了一批"三农"人才，服务了多个数字乡村、智慧农业示范区建设，推广农业绿色低碳发展成果助力乡村生态振兴，开展调查研究赋能乡村治理。与省内各地市相关单位达成科技合作项目492项，经费1.3亿元。在华中农业大学的支持下，秭归柑橘产业实施品种改良、标准制定、强链延链、人才科技赋能以及品牌塑造等行动。全县柑橘种植面积达40万亩，社会产能突破100万吨，综合产值近200亿元，造就柑橘产值亿元村12个；神农架形成了特色产业链"六种四养"十大特色产业发展。

党和国家一直高度重视中华优秀传统文化的传承和弘扬，高校是培养社会主义建设者和接班人的摇篮，也是传承和弘扬中华优秀传统文化的重要阵地。高校开展中华优秀传统文化教育，不仅是时代发展的必然要求，还具有重要的现实意义。高校所在地区的地方传统文化是中华优秀传统文化的重要组成部分，也是高校推进中华优秀传统文化"双创"发展的重要抓手。

第三节　以教育家精神助推湖北高校文化育人

在第39个教师节到来之际，中国特有的教育家精神被概括为六大方面，这一概括赋予新时代人民教师崇高使命，为中国教育的方向和目标指引了道路。中国特有的教育家精神根植于中华民族几千年教育发展的沃土，在马克思主义教育思想指导下，升华于中国特色社会主义教育强国建设的实践，具有人民性、实践性、开放性的时代特征。新时代弘扬教育家精神要实现理念转向、内容转换、载体转化。

一　教育家精神生成的逻辑理路

教育家是"在教育理论或实践上有创见、有贡献、有影响的杰出人物"[1]。中国特有的"教育家精神"是我国教育工作者在长期教育实践中积累的宝贵精神财富，根植于中华民族几千年教育发展的沃土，在马克思主义教育思想指导下，升华于中国特色社会主义教育强国建设的实践，有着鲜明的传承脉络。

（一）精神根脉：丰厚的中华优秀传统文化

中国特有的教育家精神经过了中华优秀传统文化的丰厚滋养、中国近代革命文化的淬炼强化以及中国特色社会主义先进文化的时代熏陶，镌刻着中华优秀文化的烙印，成为新时代教育界广泛认可、共同遵循的价值理念。

---

[1]　教育大辞典编纂委员会编：《教育大辞典》（第一卷），上海教育出版社1990年版，第82页。

中国赓续不断的文明史中蕴藏着丰富的教育思想和智慧，《论语·先进》里记载了孔子因材施教的故事，《礼记·儒行》提出"儒有勤学而不穷，笃行而不倦"。《礼记·学记》是中国古代最早系统讨论教育思想的重要文献，也是"世界教育史上最早出现的自成体系的教育学专著"[①]，其中提出的教学相长、长善救失等原则经过两千多年的教育实践的检验，仍具有生命力，融入教育家精神中，指导着今天的教育实践。《世说新语》用"言为士则、行为世范"刻画了东汉名臣陈蕃的道德情操，这也是当代知识分子尤其是为人师表者的自觉追求。近代革命文化发生于国家蒙辱、人民蒙难、文明蒙尘的苦难时代，在启蒙与救亡中孕育，在争取独立与解放中丰富成熟，无数革命者心有大我、以身许国、至诚报国，留下了丰富的精神遗产，这些精神成为新时代教育家精神的重要组成部分。社会主义先进文化是当代中国的主流文化，社会主义核心价值体系是社会主义先进文化的精髓，代表了时代进步潮流和历史发展要求，为培养有自信、尊道德、讲奉献、重实干的时代新人提供强大精神支撑，是教育家精神的重要源泉。

（二）理论基础：科学的马克思主义教育思想

马克思主义是我们立党立国、兴党兴国的根本指导思想，马克思主义教育思想是在历史唯物主义基础上形成的关于教育的立场、观点和方法论体系，是推进我国教育事业发展的思想指引和行动指南。马克思认为教育是生产力的再生产过程，是培养全面发展的人的手段，并在《资本论》中指出："生产劳动同智育和体育相结合，不仅是提高社会生产的一种方法，而且是造就全面

---

① 郭齐家：《中国教育思想史》，教育科学出版社1987年版，第105页。

发展的人的唯一方法"①，强调教育与生产实践相结合的重要性。

中国共产党人继承和发展了马克思主义教育思想，在不同时期制订的教育方针和经过3次修订的《中华人民共和国教育法》中都指出教育必须与生产劳动和社会实践相结合，培养全面发展的社会主义建设者和接班人，这些思想也体现在"启智润心""勤学笃行"等教育家精神中。

(三) 现实土壤：鲜活的中国特色社会主义教育强国实践

中国特色社会主义教育强国实践、一代代教育工作者躬耕讲坛的育人实践是教育家精神的现实土壤。教育家精神植根于教育强国的伟大实践，其价值在于指导新时代的教育实践，精神的说服力、感召力源于在指导实践中展现的真理力量。

在我国1880.36万专任教师中，有希望"学生们远方有灯、脚下有路、眼前有光"的"最美乡村教师"张桂梅，有扎根特殊教育领域近40年、"爱在心坎上、育在无言中"的"全国模范教师"张俐，有95岁仍壮心不已的"人民教育家"高铭暄，有长期坚持帮扶西北旱区边远农村教育、资助建设7所希望小学的"全国教书育人楷模"、中国工程院院士康绍忠……这些教育家和优秀教师用自己的实践、奉献和担当生动地诠释了作为师者教书育人的弘道追求，让人感受到人民教师的无上光荣。

二 教育家精神的时代特征

不同国家、不同时期的教育家群体有不同的职业信仰和价值追求，教育家精神与社会形态、国家形态密切相关。中国特有的教育家精神，既符合世界教育发展的一般规律，也具有鲜明的中

---

① 《马克思恩格斯选集》第2卷，中共中央马克思恩格斯列宁斯大林著作编译局编译，人民出版社1995年版，第212页。

国特色和时代特征。

(一) 人民性

我国古代教育家有着朴素的人民观,孔子"有教无类"、孟子"民贵君轻"都体现出人民性。马克思揭露出资本控制下的教育异化,并提出教育是为了人的自由与解放、最终谋求人的全面发展。中国共产党坚持将马克思主义与中华优秀传统文化相结合,始终把人民立场作为根本立场,把为人民谋幸福作为根本使命。

新时代教育家精神的价值内核是"教育以人民为中心,教育为人民服务",其人民性体现在教育家在育人过程中启智润心、乐教爱生,始终坚持以人为本,尊重人民的主体地位,提高人民对教育的满意度和获得感,使教育成为人民提升综合素质、获得和享受幸福生活的重要途径。新时代教育始终为人民服务,保障人民受教育权利,充分满足人民对公平而有质量的教育的需要。"人民教育家"国家荣誉称号也体现了我国教育以人民为中心的价值立场。

(二) 实践性

精神指"人的意识、思维活动和一般心理状态"[1],具有主观性。马克思在《德意志意识形态》中批判了绝对抽象的精神,强调人对客观世界的体悟和劳动实践的重要性。在马克思看来,"精神的实质始终就是真理本身"[2],人们实践、认识、再实践、再认识的过程,就是通过实践不断发现真理、同时通过实践和证实,不断发展真理的过程。中国传统哲学的思辨路径也强调人对客观世界的生命体悟与觉解,"行是知之始,知是行之成""纸上

---

[1] 中国社会科学院语言研究所词典编辑室编:《现代汉语词典》,商务印书馆2008年版,第721页。

[2] 《马克思恩格斯选集》第2卷,中共中央马克思恩格斯列宁斯大林著作编译局编译,人民出版社1995年版,第111页。

得来终觉浅，绝知此事要躬行",都体现了实践的重要性。马克思主义和传统中国哲学都认为,"实践"连结起客观世界与主观精神的转化与互动。

在教育活动中，教育与精神通过教育实践活动建立起内在关联。从生成逻辑看，教育家精神既源于现实，又是超越现实、对现实的自觉反思，因此超越了思想、观念、意识范畴，在实践中建立了真理世界，具有物质基础性和社会实践性。中国的教育家们也是在教育实践中成为行为世范的表率，在教育实践中实现至诚报国的理想。

(三) 开放性

中华民族的"天下"观作为一种独特的文化基因一直流淌在中国教育家的血液里。马克思主义的世界历史理论和交往理论揭示了各民族国家由独立封闭走向相互依存、相互联系的整体化发展过程。马克思主义基本原理与中国传统文化彼此契合之下，中国特有的教育家精神呈现出以天下为己任的开放性价值基座。

在党的百年奋斗历程中，一代代教育家接续奋斗，在铸就教育领域辉煌成就的同时形成了中国特有的教育家精神，教育家精神的形成过程不是僵化和封闭的，在新时代也必将随着实践发展而不断深化和拓展。新时代教师不仅是人类精神财富生产、传播和积累的重要承载者，而且在面对加速演进的百年变局中对人类文明的继承和发展起着至关重要的作用。在应对人类共同的挑战时，教师需要弘扬胸怀天下、以文化人的教育家精神，赓续中华优秀传统文化，继承中国知识分子优良传统，共同构建人类命运共同体，弘扬全人类共同价值。

三 大力弘扬教育家精神的践行策略

新时代践行教育家精神要做好从精神象征到群体培育的践行

理念转向、从情怀信仰到核心素养的践行内容转换、从平台建设到以文化人的践行载体转化。

(一) 践行理念转向：从精神象征到群体培育

在传统观念中，教育家是少数在教育领域有大成就、大影响的个体，教育家精神的象征意义往往大过实践指引。但在新时代，"教育家精神"不能狭隘地理解为少数"教育家"的精神特质，而是无数的"优秀教师"身上体现的共同精神气象。在实践中，虽然不是所有教师都能成为教育之大成者，但是每一名教师都应该以教育家为榜样，以教育家精神为引领，树立教育家的气象和格局，逐渐成长为具有教育家精神特质的教育家型教师。

强教必先强师，从2007年起，造就杰出的教育家就被写入我国的政府工作报告中。《教育部直属师范大学免费教育实施办法》《关于深化新时代教师队伍建设改革的意见》《新时代基础教育强师计划》等国家文件的接连出台，营造了强师兴国的环境氛围，教育家主导的时代来临。在国家的大力支持下，教育家精神逐渐融入教师队伍建设的全过程，教育家实现了从精神象征到群体培育的理念转向、政策转变、目标转化，未来教育家型教师必将相继涌现。

(二) 践行内容转换：从情怀信仰到核心素养

教育是一项需要深厚情怀、高尚道德和卓越才干来共同铸就的伟大事业，教育的发展依赖于教师队伍的建设与壮大。打造一流的教育，需要培养一流的教师，即教育家型教师。培养教育家型教师，需要将教育家精神融入教育场域，引领教育家型教师的培育和中国教育的改革，究其实质是对教师核心素养的考量。

教育家型教师所具有的教育信仰、教师知识、实践能力、发展诉求以及教育影响构成了教育家型教师的必备素养[①]。教育家精神六方面内涵则明确了核心素养的培育方向和内容。其中,"心有大我、至诚报国的理想信念""胸怀天下、以文化人的弘道追求"集中体现了教育家的理想追求和使命意识,指向了教育信仰和教育影响的素养;"言为士则、行为世范的道德情操""乐教爱生、甘于奉献的仁爱之心"集中体现了教育家的道德规范与人格完善,指向了教育品德的素养;"启智润心、因材施教的育人智慧""勤学笃行、求是创新的躬耕态度"集中体现了教育家的岗位能力与从业态度,指向了教育知识和能力的素养。教师核心素养和能力是高素质教师队伍建立的重要保障,也是弘扬教育家精神的重要抓手。教师不可能人人都成为教育家,但是每一位教师都可以努力提升自己的能力水平,争取具备教育家型教师的综合素养。

(三)践行载体转化:从平台建设到以文化人

近几年国家在教育家型教师培养上取得一些阶段性成果,尤其在智慧学习空间、高质量课程建设、教学能力培训等教师多元发展的平台搭建上有了长足的发展,但培养探索深度不足等问题仍在制约工作的推进。

教育家精神的本质是一种文化形态,通过多维文化载体来实现"以文化人"的涵育目标是教育家型教师培育的重要途径。

将教育家精神融入校园文化、学科文化、教学文化、科研文化等文化建设中,在言传身教、潜移默化中影响师生。

古人认为:"师者,人之模范也,无德者无以为师。"(《扬子

---

① 李贵安、杨博谛:《教育家型教师的内涵、素养与成长路径》,《现代教育管理》2023年第6期。

法言·学行卷》）在学生眼里，老师是"吐辞为经、举足为法"，一言一行都给学生以极大影响。教师思想政治状况具有很强的示范性。要坚持教育者先受教育，让教师更好担当起学生健康成长指导者和引路人的责任。

第四章　耕读文化育人的理论研究与实践案例

耕读文化是从中国古代农耕文明土壤中逐渐发展的一种文化。中国古代一些知识分子在耕读相伴的生活方式中，形成了对中国的农业、传统教育、宗法制度、民族整体价值观、文艺发展等起了重要作用的"耕读文化"。耕读精神和耕读文化融入中国传统文人日常的生活中，不仅反映了古人的行为方式和价值取向，也在更高的层面上影响到中国传统教育观和社会的发展。虽然"耕读"的空间载体几经变迁，但耕读的精神已经内化在中国文化的精髓之中，融入中国人的血液。时至今日，耕读精神和耕读文化依然是中国教育的重要内容，依然影响着中国社会的进步和中华文明的进程。

第一节　华中农业大学校史中的耕读精神

华中农业大学通过修编校史，夯实校史教育的资源基础，确立了以校训、校徽和校歌为代表的精神文化体系。从"知行合一"到"勤读力耕"，学校虽六易校名，但文脉里始终流淌着浓浓的耕读传统和家国情怀,这即华农之本、华农之魂,在 125 年征程中代代相传,生生不息。

一 耕读文脉的历史溯源

1898 年,湖广总督张之洞为实现富国利农的宏愿创办了湖北农务学堂,1905 年,张之洞在学堂新校址的开学典礼上勉励师生"手脑并用,知行合一",并写下楹联"凡民俊秀皆入学,天下大利必归农"。这便是华农 125 年办学历程的理念之蕴、文脉之源。

(一) 办学历程中的耕读传统

抗战爆发,学堂被迫西迁,改为湖北省立农学院,教务长包望敏教授在《论"耕读"与"新农"》中写道:"湖北省立农学院创立于烽烟遍地,万方多难之日,集海内农学者及三楚青年一堂,朝夕孜孜,耕读不辍,以革新农业为己任,其艰苦卓绝之精神与乎兴农建国之宏愿均有足多者。"由此,"耕读"理念继承了"知行合一"的思想精髓,正式被提出并写入院歌。1985 年,学院更名为华中农业大学,2006 年《湖北省立农学院院歌》被确立为校歌,校歌中"勤读力耕,立己达人"8 个字被确立为校训。

作为一所学校精神和灵魂的象征,校训是校园文化的精髓,是办学理念和历史传统的积淀,更是学校创造未来的重要精神引领。学校师生以耕读修身,致力追求真理,形塑学校的精神样貌。

(二) 在实践中践行耕读精神

晴耕雨读,是一种具有诗意的生活,在中国几千年农业文明社会发展中沉淀成耕读文化。耕读文化最显性的表达是常见于古宅旧院匾额上的四个字"耕读传家",纪晓岚门上还有"一等人忠臣孝子,两件事读书耕田"的对联。历数中国耕读世家:陶渊明、王维、辛弃疾、王祯、曾国藩、冯友兰等，可谓不胜枚举。

诚然，传统的耕读传家与学校提出的大学精神有着理论和实际的霄壤之别，是广义与狭义的不同路向，但也不可否认他们有一定的自然联系和传承。当下，虽然耕田读书的生活方式已不多见，"耕读"的意义也在逐渐转变，但文人志士耕山水、读天下的情怀却从未改变，耕读文化的内核精神显示出永恒的社会价值。

中国历史深处的耕读精神、传统文化深处的耕读基因、世家内心深处的耕读情结，通过近现代高等农业教育发出了当代的回响，在华中农业大学的校园里显示了当代的价值。"勤读力耕，立己达人"的华农精神，诠释了历代华农人弘扬农学、贡献社会、兴国安邦的理想和担当。

二 传承耕读精神的学术轨迹

湖北农务学堂建设之初，国学大师罗振玉受邀出任监督，他创建的蚕桑实验室，开启了"中学"耕读传统与"西学"近代高等教育办学理念紧密结合的新篇章。

（一）在动荡时局中坚持学术研究

西迁时期，条件艰苦、设备简陋，师生仍坚持教学、耕作、实习。抗战胜利后，农学院逐渐恢复工作。

办学兴校，学术为要。从1950年春开始，田叔民、杨惠安、许传桢、任筱波、余传斌、谢孟明、沈聆苏等老师着手开展科研工作，对苹果、柑橘、梨、番茄、马铃薯、水稻等品种做了大量的试验观察。在师生们的共同努力下，学术在传承，文脉在延续。虽时局动荡、民生多艰，华农人仍在坚守。宜昌分院时期，华农师生排除各种干扰，选出了"国庆4号"蜜柑、"长华2号"

玉米、"7206号"辣椒等新品种，取得了来之不易的科研成绩。

（二）形成标志性成果

1979年学校被列为全国重点大学、1987年建立生物技术中心，在前期的科研基础上，学校营造氛围，聚焦学术，承担了多项国家重大科研课题，积累了科研基础。随着进入国家"211工程"建设、"双一流"建设行列，学校科研实力日益雄厚，在杂交油菜、绿色水稻、优质种猪、动物疫苗、优质柑橘、试管种薯等研究领域，取得了一批享誉国内外的标志性成果。

在这些"顶天立地"的成果背后，是一代代华农人焚膏继晷、夙夜不懈的身影：20世纪50年代，陈华癸教授领导的研究集体从多方面对紫云英根瘤菌共生关系进行研究，首次揭示了紫云英根瘤菌是一个独立的互接种族，对紫云英根瘤菌的生产和大面积推广应用起了开创的作用；在国内微生物研究还停留在形态的表面研究时，陈华癸教授就将分子生物学引入了学校，为后人的科学研究打下了坚实的基础。他培养的学生，不少人已成长为中国土壤学、农业化学、土壤微生物学的领军人物。

1956年，刘后利教授建立了我国油菜分类体系，随后提出用高产的甘蓝型逐步取代低产的白菜型的观点，先后育成了多个甘蓝型高产品种。在刘后利教授的指导下，傅廷栋发现了19株"波里马细胞质雄性不育型"油菜植株，改写了世界油菜种植史。

70年代，章文才教授带领师生深入鄂西柑橘产区，进行大规模柑橘选种工作。三年里，从宜昌地区的27万株温州蜜柑和20万株甜橙中选出43株最优单株。在章文才和他的学生邓秀新所带领团队的接力帮扶下，秭归脐橙嘉树长红。

熊远著院士在近20年里，走遍全省66个县市调研，带领团队创建了我国第一个种猪测定中心，培育出中国第一个高瘦肉率的猪母本新品种——湖北白猪及其品系，他培养的学生很多成长为国内外著名养猪学专家。

从一个人、一张桌子、一个学生开始，张献龙院士始终致力于棉花育种工作的艰难探索，把棉花不仅种到了长江流域棉区，还种到了新疆棉产区，培育出了"华棉702"等4个适宜新疆种植的优质、多抗机采棉品种，累计推广1030万亩。如今团队已有10名成员，其中9名教授，8人入选国家级人才计划，还获得"神农奖"优秀创新团队奖。

一个校园的气度，不在于接纳多少达人显贵，而在于收藏了多少智者学人；或者说，大学之谓，非大楼之谓，亦非大官之谓，实大师之谓也。半个世纪以来，从华中农大先后走出了10多位享誉中国农业科技界和教育界的两院院士——陈华癸、陈文新、赵其国、刘更另、王明庥、范云六、邓秀新、邓子新、张启发、陈焕春、熊远著、傅廷栋，还有"菇神"杨新美、"橘翁"章文才……这些名字，如星辰般熠熠生辉。他们开拓创新、敢为人先的学术追求，严谨治学、厚积薄发的学术品格，捧土培根、奖掖后学的大师风范，为后辈敬仰遵循，华农代代学人追随着前辈的脚步耕读不辍，学校科研队伍不断壮大。

如今，学校拥有6个国家自然科学基金创新研究群体、84个省部级优秀创新团队，一颗颗学术新星冉冉升起，多项重要成果领跑前沿，备受关注，华农以强大的科研实力成为国家农业科研大军的重要组成部分。

三　耕读校园的风物绵延

耕读精神，不仅体现在学校的办学理念上、学者的学术研究上，也彰显在校园的风物之上。

（一）"耕读"精神创建"华农底色"

早年的湖北高等农业学堂自带"耕读"元素，在主教学楼旁建有养蚕室、育种房等附属建筑，周围还有农场、林场、桑园、水产场等，方便师生做教学、试验、研究。1954年的特大洪水将宝积庵的118亩秧苗淹没，虽师生合力筑堤挽回部分损失，但居安思危，远见卓识的华农人决定迁址办学。1955年，22名教职工组成建设大队驻扎在狮子山进行异常辛苦的基建施工，还有师生轮番步行23千米到山上劳动建校。

华农师生艰苦卓绝的精神感动了前来视察的董必武，他欣然题词："勤俭建国、勤俭建院"；"民生在勤，勤则不匮；性习于俭，俭以养廉"。1957年12月，苏式风格的主楼在狮子山最高峰上落定，徐特立题写的"华中农学院"被镌刻在主楼的门檐之上，董必武的题词则镶嵌在主楼大厅的墙上。

（二）"耕读"基因植入校园文化坐标

办学125年以来，带有特殊历史印记的主楼已成为华农精神的象征，一直屹立于狮子山顶峰，也屹立在一代代华农人心里。以主楼为起点，沿山而下，视野开阔，20世纪80年代，老图书馆、求是楼、求真楼、求实楼等在狮子山广场中轴线两侧相继而起，学校事业也如广场内步道的参天大树一样蓬勃发展。

地景营造，顺乎地脉，借地造景，导以文脉。学校在校园的山水、园林、路楼的命名、规划和建设上融入"耕读"元素，将校园内标志性文化景观烙上"耕读"印记，以校史馆、艺术馆、博物馆等为载体建设耕读文化传播平台，营造浓郁的耕读文化氛围。随着人文社科楼与新图书馆的兴起，"未来之窗"与主楼遥相呼应，为主楼—广场的建筑群像添上画龙点睛的一笔，校园生机勃勃，日新月异。在华农人的精心雕琢下，当初的荒山野岭已涅槃成生态园林式校园。1600多亩油菜花、5万多株郁金香，还有满山的桃花，既是科研材料，又给春日的华农披上独一无二的花衣，让游人看到"耕读"文化的魅力。

葱葱狮子山、潋潋南湖水、琅琅读书声、悠悠文脉传，华中农业大学美的真谛，在于山水与校园相得益彰、科学与人文完美融合。在这灵气满溢的环境中治学、科研，是一种享受，也是一种幸运。

耕读双甲子，代代华农人无不心系人类命运、献身国家发展、传承耕读精神，自觉实践着张之洞当年"兴农富民"的理想，华农人用"顶天"的成果、"立地"的服务、"耕读"的精神向世人诠释了农业大学的责任与担当。

第二节 耕读文化育人的价值及实施困境

农业是人类社会生存发展的基础，是国民经济的支柱。农村是我国文明的发源地，农耕文明是我们的软实力。耕读文化是中华农耕文明的重要内容，有丰富的文化底蕴和时代价值，耕读教育应成为涉农高校人才培养改革的价值追求，为国家培养新时代"三农"人才。

一 耕读文化缘起

（一）"耕"与"读"

"耕"的本义是用犁把土翻松[1]，后泛指农业生产、劳动活

---

[1] 中国社会科学院语言研究所词典编辑室编：《现代汉语词典》（第5版），商务印书馆2008年版，第467页。

动;"读"是看着文字念出声音、阅读①,后泛指学习教育。农业起源的初始阶段在距今一万年前后②,而仓颉造字的传说发生于公元前2000年左右的五帝时期,由此可见"耕""读"并非同时出现,也不是天然相连。古语"劳心者治人,劳力者治于人"就可以看到"耕"与"读"的对立。

耕读结合的雏形在《困学纪闻》提及的《尚书大传》上有记载:"岁事既毕,余子皆入学。距冬至四十五日,始出学,傅农事。"③ 由此可见,农业和教育的发展使"耕""读"在先秦时代出现了自发的结合,既要有"耕"来维持物质生活,又要有"读"来提高文化水平,在这一阶段,耕读教育以"耕读生活"的初级形态出现。

(二) 耕读教育发展历程

一般认为耕读教育萌生于先秦,形成于宋代,成熟于明清,复归于现代。先秦私学兴起导致的文化下移给耕读结合提供了空间载体;唐宋科举制带来的阶层流动构建了耕读"互惠"的价值基础,耕读思想进一步深入人心;明清时期,"耕读传家"观念进一步传播,被写上门匾,体现出耕读教育的主动自觉;从"耕读传家躬行久,诗书继世雅韵长""半榻暮云推枕卧,一犁春雨挟书耕"等诗句中也能看到,在耕与读表征耕种、读书基本要义的同时,已沉淀出"天人合一的生态价值观、孝悌为本的伦理价值观、知行合一的教育价值观、自强不息的生命价值观"等核心精神。"耕读"成为"耕"与"读"在精神上的高度契合,有

---

① 中国社会科学院语言研究所词典编辑室编:《现代汉语词典》(第5版),商务印书馆2008年版,第336页。
② 赵志军:《农业起源研究的生物进化论视角——以稻作农业起源为例》,《考古》2023年第2期。
③ (宋)王应麟:《困学纪闻》,上海古籍出版社2008年版,第260页。

"读"之"耕"体现了读书是为了做到安身立命，有"耕"之"读"才能在实践中见真知，能够洞察世事，最终达到修身、齐家、治国的目的，这也是耕读文化遗产的价值所在。"知行合一""读万卷书，行万里路"等都是耕读文化的自然延伸。

直到清末，随着科举制的废除和新式学堂逐渐取代旧时私塾，耕读教育的价值基础和空间载体不复存在，"耕"与"读"开始割裂分离，耕读教育逐渐式微。

新中国成立后，为了满足广大群众接受教育的需求，中央提出教育与生产劳动相结合的方针，各地在"两种教育制度，两种劳动制度"决策下，兴办了一批"耕读学校"，在加快扫盲进程和普及教育方面起到了积极作用；"文化大革命"开始后"耕读学校"逐渐停办；随后虽然有部分地区进行了乡村教育、乡土教育的探索，但影响不大，耕读教育再次衰落。

进入新时代，随着乡村振兴战略的实施、农业农村现代化事业的逐步推进，2018年全国教育大会上提出"五育"并举的教育方针，2020年国家开始重视劳动教育，耕读教育随之逐渐回归。从2021年起，连续三年的中央1号文件，相继提出"开展耕读教育""完善耕读教育体系""实施农耕文化传承保护工程"的要求。2021年《关于加快推进乡村人才振兴的意见》中要求"全面加强涉农高校耕读教育"[1]，教育部在《加强和改进涉农高校耕读教育工作方案》中把耕读教育提升到情怀使命、价值追求、生命与人文艺术教育的高度[2]。

在开启全面建设社会主义现代化国家的新发展阶段重新强调

---

[1] 中共中央办公厅、国务院办公厅：《关于加快推进乡村人才振兴的意见》，https：//www.gov.cn/zhengce/2021-02/23/content_5588496.htm，2023年4月13日。

[2] 教育部：《加强和改进涉农高校耕读教育工作方案》，http：//www.moe.gov.cn/srcsite/A08/s7056/202109/t20210916_563719.html，2023年4月13日。

耕读教育理念，"耕"与"读"再次紧密相连，不仅体现了国家对优秀传统文化传承与发展的高度重视，也反映了传统耕读教育在历史长河中沉淀出的精神和品格在今天依然能够滋养心灵、教化后人，依然被时代所需要。

二　新时代耕读教育的内涵及价值

（一）新时代耕读教育的内涵

近年来，随着耕读教育成为社会关注和学术研究的焦点，学界对其内涵的理解出现了不同的声音。林万龙认为耕读教育是带有农业特色的劳动教育[1]，徐阔将耕读教育界定为亦耕亦读、耕读并重、知行合一、理论联系实际的教育方式，是一种终身教育[2]，王德岩认为耕读教育是一种持续的过程、全面性的教学系统[3]，袁同凯认为耕读教育在本质上是对传统耕读文化的延续和传承，也是中国乡村教育的一个文化面向[4]。张晨认为耕读教育是劳动教育、文化教育、情怀教育与专业情感教育的结合体[5]。周维维认为耕读教育是融国情教育、思政教育、生态教育、专业教育和劳动教育于一体的教育模式[6]。

新时代的"耕"与"读"发生了变化，所以耕读教育的内涵

---

[1] 林万龙：《新时代耕读教育的新内涵与新要求》，http://nceaed.cau.edu.cn/art/2022/9/11/art_46806_879817.htm，2023年4月13日。

[2] 徐阔：《助力乡村振兴的耕读教育：内涵理解、价值探讨及路径构想》，《内蒙古农业大学学报（社会科学版）》2022年第1期。

[3] 杨飒：《耕读教育，为"双减"注入新活力》，《光明日报》2022年10月4日第8版。

[4] 袁同凯、冯朝亮：《从耕读教育变迁看乡村教育的"位育"之道》，《原生态民族文化学刊》2022年第3期。

[5] 张晨：《新时代涉农高校开展耕读教育的对策研究》，硕士学位论文，河南工业大学，2022年。

[6] 周维维：《涉农高校加强耕读教育涵养"三农"情怀的实施路径研究》，《高等农业教育》2021年第5期。

也不同于传统。新时代之"耕"不局限于干农活或者做体力劳动，而应是广义的劳作实践活动；新时代之"读"，也不仅是"阅读"，而是广义上文化知识的学习和精神品格的涵育。虽然劳动教育和耕读文化有着密不可分的关系，但耕读教育并不能简单地等同于劳动教育。虽然耕读教育的古今内涵有了区别和差异，但在哲学属性和理念上，都属于教育与生产劳动相结合的范畴。结合国家文件及已有研究成果，本书认为，耕读教育是将实践活动与文化精神学习相结合的一种教育形式，具有综合性育人功能。耕读教育能够提升学生解决农业农村复杂问题的综合能力，培养具有知农爱农情怀和强农兴农本领的新型人才，为全面推进乡村振兴、加快农业农村现代化和推动农耕文明的传承发展提供强有力的人才保障。

（二）耕读教育的时代价值

1. 耕读教育是高校赓续中华农耕文明的重要途径

中华民族自古以农立国、以耕读传家，勤劳朴实的中华儿女创造了深厚的农耕文明，也涵养了悠久的耕读传家的生活理念和人生价值。"耕为本务，读可荣身""耕所以养身，读所以明道"是传统社会的主流思想和价值取向，蕴含着中国古人做人做事、道德修养的优良传统和教育智慧，成为中华优秀传统文化的精华。耕读也逐渐从一种生活方式演变传承为一种教育理念、处世之道，它将物质生产与精神生活、个体生命与家国情怀、教育方式与价值追求融为一体，跨越时代，历久弥新，在新时代依然有强大的生命力和持久的影响力。耕读教育是对耕读文明的延续与传承，将重新定义新时代中国乡村的价值和未来，是乡村振兴的灵魂，也是筑牢建设农业强国底色的重要举措。

2. 耕读教育是实现高校五育并举的有效方式

构建德智体美劳全面培养的更高水平人才培养体系是我国教育一直以来的努力方向,这就需要着重把握"五育"之间相互关联和互促逻辑。耕读教育蕴含着知行合一的实践哲学和理论联系实际的教育理念,具有综合育人价值。高校通过开展耕读教育,将耕读文化融入大思政教育,实现以劳树德;将耕读文化融入专业学习,实现以劳增智;将耕读文化融入实践课堂,实现以劳强体;将耕读教育融入文化育人,实现以劳育美,在"五育"并举中强健体魄、增长才干、涵育情怀,最终实现人的全面发展。

3. 耕读教育是高校推动乡村振兴的生动实践

弘扬耕读文化、加强耕读教育既是新时代传承弘扬优秀传统文化的需要,更是培养中国式农业现代化新型"三农"人才的需要,以及推动乡村振兴战略的实践需要。耕读课程被增加为涉农高校的必修课程,涉农专业实践教学的比重也被大幅提高,这些举措就是要涉农专业学生走进农村、走近农民、走向农业,以强农兴农为己任,把论文写在大地上、写在山水间。涉农高校要改革现有的传统育人模式,努力探索"耕""读"结合的新育人模式,通过耕读教育培养国家需要的"三农"人才,为乡村振兴提供源源不断的青春力量。

与此同时,耕读教育还是丰富而深入的文化教育,在面对全球化时代世界多元文化交流与融合的挑战时,耕读教育通过深层文化精神的阐释与激发,能厚植青年学子的家国情怀,更是坚定文化自信的重要源泉和底气所在。

三 耕读文化育人的实施困境

加强乡村文化建设,赓续农耕文明,不仅是乡村振兴的重要内容，也是实现中华民族伟大复兴的重要推动力。推进乡村振兴、实现农业农村现代化和建设农业强国的基础性、战略性支撑在于教育、科技、人才。涉农高校是农业农村现代化人才培养的主力军，必须创造出更多科技成果，着力解决"三农"问题。

（一）涉农高校文化育人的特点

1. 艰苦性

涉农高校学生往往有着经济压力大、学业压力大、就业压力大等不同于其他高校其他专业学生的特点，三大压力并非朝夕形成，在短时间内也不可能很快消失，压力给学生心理、思想带来的影响将长时间存在。同时，高等教育学段的学生价值观、人生观逐渐定型，自尊心、自信心逐渐树立，意志比较顽强，给文化育人工作的顺利开展带来了一定难度，提出了较高的要求；社会生活的变化，市场经济意识的渗透，在给学生强化优胜劣汰的竞争意识的同时也带来了急功近利、好高骛远等负面影响，这些都决定了新时期涉农高校学生文化育人工作的艰苦性。

2. 实践性

文化育人过程中需要遵循实践性原则。思想品德的形成并非思想与知识的直接结果，所以必须在行动中塑造品德，做到知行合一。

农业高等教育以及农科的学科特点也决定了涉农高校文化育人工作的实践性特点。农科的科学实验、探讨研究都需要在实践中完成，因此，涉农高校文化育人工作要根据其人才培养的目标和要求，结合农科学生的思想特点、就业去向和成长规律，在实践中摸索出教人、育人的方式方法。

3. 服务性

教师是学校文化育人工作的主体，是文化育人工作的组织者和指导实施者，很多高校实施"德育导师"制度，邀请德艺双馨的导师任职，有的还邀请社会劳动模范担任文化育人导师。教师的言传身教的作用是巨大的，对学生有榜样和示范作用。高校学生自我意识已经比较强烈，简单的说教和灌输容易引起抵触和反感思想，因此在文化育人工作中讲求平等对话、说服疏导、自我评价。教师要加强学习，更新教育观念，发挥主导作用，增强服务意识，牢固树立服务学生的思想，从学生的学习生活实际状况和需要出发，在服务育人中发挥学生的能动性、自主性和创造性。

（二）耕读文化教育内容和形式越来越丰富

在国家高度重视和大力推动下，耕读教育逐渐成为新的教育潮流，涉农高校耕读教育全面加强。截至 2022 年，全国已建成 36 门耕读教育相关国家级一流课程，推出"大国三农"系列在线开放课程，出版《耕读教育十讲》，建设了 184 个基地，耕读教育内容和形式越来越丰富。

耕读教育是涉农高校加强落实三全育人的必要一环，长期以来，我国涉农高校坚持教育与生产劳动相结合，在耕读教育改革实践中取得了一定成效，为我国农业农村现代化建设输送了大批人才。比如，中国农业大学通过强化顶层设计，制定学校科技创新战略规划推进耕读教育；围绕国家重大战略需求，重点开展种业、耕地等专项行动；着力建设玉米、畜禽生物育种等 9 个全国重点实验室，服务长三角、粤港澳大湾区等国家区域发展战略；建设覆盖 5 大洲 11 个国家的"一带一路"农业合作中心。南京农业大学通过讲好耕读实践课，强化价值引领作用，厚植"爱农"情怀；编写《农业概论》《乡村振兴与农村社会治理》等具有校本特色的耕读教育教材，把 60 余个教学科研基地、科技小院和 200 余个研究生工作站搭建在乡村田野和农业生产一线；推出农味思政课，立项建设"尚茶""尊稻"等思政示范课 225 门；开发文化育人课，深挖校史，凝练形成"北大荒七君子"等南农人的奋进事迹，引导学生立志兴农报国。西北农林科技大学通过构建"大学—试验站—农户"农技推广快捷通道，有效促进了技术的推广应用；校地专家团队累计研发、示范、集成、推广新成果 4100 多项，年均新增效益 200 亿元。眉县猕猴桃试验站选育优质多抗新品种推广面积 50 万亩。

耕读教育不仅促进了学生树立新时代劳动观，助力立德树人目标的落实，也有利于高校培养知农爱农强农兴农的新型人才。对于涉农专业大学生来说，也可以进一步提升耕读素养和实践能力，从而助推乡村振兴和传承耕读传家优秀传统文化。部分涉农高校积极探索耕读教育的实施路径，探索出改进课程教材体系型、拓展实践教学场所型、加强校园文化建设型等推进模式。

（三）耕读教育推进农科研究生培养上遇到的困难

从整体上看，新时代耕读教育的发展仍处于起步阶段，在推进农科研究生人才培养质量上依然存在困难。

1. 耕读教育涵养情怀的效用有待加强

涉农高校在人才培养过程中依然存在着"招不来""留不住""下不去""待不久"等系列问题[1]，农科研究生"三农"情怀不深，耕读教育涵养知农爱农情怀培养的实效不强，无法为乡村振兴输送回乡人才；培养出的研究生与土地、乡村没有感情，仍然存在"学农不爱农、学农不务农"的现象，部分研究生对"三农"认同感不强，毕业后返乡就业愿望不高，农村创业激情较

---

[1] 青平、吕叙杰：《新时代推进新农科建设的挑战、路径与思考》，《国家教育行政学院学报》2021 年第 3 期。

低,"三农"情怀自我培育意识差,对"三农"的传统观念和片面认识还需要进一步纠正。

2. 耕读教育能力培养体系有待完善

耕读教育人才培养体系中耕与读教育脱节、教学课程体系不完善和实践育人机制不健全,制约了涉农高校耕读教育对农科研究生创新能力的培养,农科研究生服务现代农业的创新能力不足,农业前沿问题难以突破。

专业建设上脱离经济、产业和科技发展,脱离社会需求;在课程体系方面,主要存在教材内容陈旧、教学案例缺乏、课程和实践教学体系滞后于现代农业发展、农耕智慧在知识教育中严重缺位等问题;课堂仍然以知识传授为主,没有走向知识探索、知识创新;在实践育人机制方面,主要存在高校实践育人意识不强、与行业企业协同育人机制仍不够健全等问题,不能满足现代农业生产和农业农村现代化的发展需求。

3. 耕读教育与专业教育融合程度有待加深

尽管涉农专业都重视耕读教育,但存在耕读文化传承教育活动表面化、形式化问题,观光式走村访古多、打卡式田间劳作多、文化熏陶少,活动形式陈旧需要创新。部分学生缺乏德智体美劳全面发展的内在动力,缺乏高远志向;研究生主动意识较差且动机有偏差,研究生反馈活动收获不大,难以锻炼研究生解决实际问题的能力,难以体现耕读传统对研究生品行意志的引导,难以发挥中国传统智慧在提升研究生强农兴农本领上的作用。教师的专业知识、教育教学知识陈旧,没有或者很少经历过通识教育、交叉培养、教育数字化;耕读教育与专业问题导向教育融合不够、不接地气、不承传统,耕读教育基地建设数量和质量有待提升,行业产业导师缺乏,不能满足人才培养需要。

第三节　耕读"四融合"培养体系构建与实践

在华中农业大学125年的办学历史中，农学和植物保护始终是学校主干学科。学校围绕粮棉油等产业安全，培养出新中国第一位农学博士孟金陵、新中国第一位果树学博士邓秀新等杰出人才，为中国农业发展做出了重要贡献。学校植物科学技术学院将人才培养置于"百年未有之大变局"的时代背景下，面向乡村振兴等国家战略，赓续"勤读力耕，立己达人"校训精神，提出"情系三农、勤读前沿、力耕产业、兼济天下"耕读教育理念，以精神塑造为引领，以创新能力培养为核心，以科学研究、产业实践及农业国际化为路径，开展耕读文化育人的实践探索，构建厚植知农爱农情怀、提升科技创新能力、锤炼实践应用能力和增强全球胜任能力"四融合"培养体系，注重培养农科研究生厚植三农情怀，俯身农田，深耕产业，"顶天"于农科学术前沿，"立地"于祖国广袤大地，将价值塑造与知识传授、能力培养有机融合，培养出一大批高层次创新创业农科人才，形成鲜明的培养特色。

一　耕读教育的育人原则

（一）身入与心至统一

新时代的耕读教育不是一时之谈，要注重耕读教育的持续性发展和连续性培育。农耕文明是中华民族传统文化的核心内容，深刻影响着中国人民的生活方式、生存方式以及民族价值观。赓续农耕文明、筑牢建设农业强国底色，是新时代赋予"三农"人才培养的新要求。新时代推进耕读教育要准确理解耕与读的内涵、深入挖掘耕与读价值，不断与时俱进、形式创新、内容迭代升级。新时代之"耕"不是单纯的干农活、体验生活或者简单的体力劳动，而应是广义的生产活动；新时代之"读"，也不是狭义的"读书"，在教室里学习科学知识，而应包括丰富的学习内容和多样的学习渠道。丰富的内容决定了耕读教育的形式是可以多彩多样的。开展耕读教育应从顶层设计上既考虑形式，又着眼于符合农业产业趋势发展变化的内容，推动学生沉浸式投入，既要体现身入和心至的统一，又要质与量并重。

（二）非农与涉农互促

耕读教育的目标是理论学习指导实际生产，因此"耕"与"读"适用于全学段、全学科的人才培养，是一种可持续、全面受益的终身教育，这种教育理念不仅适用于包括非"涉农"专业学生在内的所有读书人，也适用于我国各专业人才培养的全过程，而非仅限于"涉农"专业学生和"涉农"高校。因此，耕读教育应该作为一种新型的教育理念和育人方式在全社会提倡。华中农业大学长期以来秉承"勤读力耕、立己达人"的校训精神，面向全体师生开展耕读教育，组织"教师为中华复兴而育人，学生为中华复兴而读书"主题教育活动。突出"三农"情怀导向，将农史、校史融入育人过程，大力推进学校课程思政与思政课程建设，党员教师示范引领一流课程思政建设，打造"行走的思政课堂"，持续开展"百生进百村"农村大调查，"千人进千企"企业实训，在社会实践大平台上涵育全校师生知农爱农情怀。

（三）守正与创新结合

农耕文化凝聚着中华民族的思想智慧和精神追求，实施好耕读教育，一方面要做好"保护"和"传承"工作，以"中华经典诵读进乡村""原生态乡村访古"等活动形式，推进耕读文化的传播，让学生汲取中华优秀传统文化的丰富养分。另一方面，要做好"创新"和"发展"的文章，赋予耕读教育新内涵、新特征和新价值，在吸收传统"耕读"元素基础上与中国式农业现代化建设相结合，使耕读文化在新时代依然保有持久的生命力。华中农业大学开展课程思政改革，以"金课"辐射引领全校各类课程不断挖掘耕读文化元素。2023年开展课程思政教学示范125门，千余名教师听课观摩；开设涵盖文、理、农、工等学科门类的《写作与沟通》核心通识课程群；推进通专融合，提高学生科学思辨力、语言表达力、团队协作力。疫情防控期间利用"云课堂"开展"云思政"，积极落实"停课不停学、停课不停教"要求，将战"疫"故事转化为爱国爱党爱人民爱生命教育的鲜活"教材"和案例库，积极构建后疫情时代"互联网+课程思政"教学体系，推进在线教学与课程思政深度融合。

（四）理论与实践并重

马克思主义理论关于教育的基本原理释义，指出教育应与生产劳动相结合。从本质意义上讲，实践与理论的关系就应是"耕"与"读"的关系。耕读教育的显著特征就是理论联系实际，知行合一。在实施耕读教育过程中，既要保证"读"的质量，也要提高"耕"的比重，增加学生亲自动手操作、亲身参加劳动锻炼的机会，让学生从城市课堂走进农村大地，了解"三农"、感恩"三农"、热爱"三农"。通过耕读教育的实践，促使学生近距离感受劳动精神、工匠精神，形成正确的人生观、价值观、审美观，进而成长为新时代的奋斗者。华中农业大学坚持理论与实践相结合，不断拓展耕读教育实践基地，改造提升校内耕读教育教学基地439亩、"智慧农业"耕读实践平台4个，依托现代产业学院和产学研、农科教、产乡教深度合作主体，与神农架林区等合作共建耕读教育基地 93 个、农村观测站 108 个。连续 9 年以传承农耕文化为主题，深入"三农"一线开展耕读实践锻炼，参与师生累计超过 10 万人次；坚持 17 年开展耕读志愿服务，实施"甘露工程""活泉工程""志·青春工程"，发挥志愿服务在价值引领、乡村振兴中的独特作用。组织"耕读同行""青马同行""师生同行""乡村振兴荆楚行""楚才服务农业产业行"等行动，开展"与岗位科学家同行"活动，师生形成社会实践共同体，深入一线开展科技咨询、产业服务和生产指导等，在耕读实践中体现科研价值、践行科技兴农。

二 "四融合"培养体系构建与实践

(一) 赓续百年耕读史脉与厚植知农爱农情怀相融合

1. 传承百年学科史脉，激发强农兴农使命感

学校始终以"宏农学、扬国光"为价值追求，在赓续"勤读力耕，立己达人"校训精神、推进耕读教育中深挖农史、校史、学科史中的耕读文化精神元素，将其转为育人资源。由国家教学名师张献龙教授、曹凑贵教授领衔讲授百年学科史作为新生第一课，讲好刘后利先生"一门三院士"油菜报国，傅廷栋院士携带"傅氏六件套"(草帽、挎包、深筒靴、水壶、工作服、笔记本)五十年如一日躬耕田野，彭少兵教授"身教大于言传"师生同下田等 32 个科学家经典感人故事和学科发展历史故事，耳濡目染激发研究生赓续耕读精神、服务奉献、敢于担当的家国情怀。研究生带着感情、饱含热情、充满激情去实践，逐渐成长为乡村振兴的主力。如毕业生彭达把不起眼的小菱角做成大产业，荣获第八届"创青春"中国青年创新创业大赛金奖，首届"全国乡村振兴青年先锋"和"湖北青年五四奖章"。

2. 支部建在学术团队，涵育知农爱农情怀

坚持党建引领，将党支部建在学术团队上，基于学术团队纵向设置28个研究生党支部，导师担任支部组织委员，指导研究生党支部开展支部活动。党支部开展名师讲思政、党员半月谈，实施"助学、助研、助发展"的"红色三助"活动和"党旗田野"行动，建设"植科心绿""研植新声"等网络育人平台，党建工作与人才培养工作协同发展，增强研究生乡村振兴使命感和荣誉感，促进研究生在思想上深化认识、在行动上强化自觉。2020年，广大研究生自觉响应学校"就地春耕"的号召，有的挥洒汗水，身体力行，践行耕读，有的通过互联网等新媒体平台，制作指导春耕生产的精品科普内容，为农民备耕提供参考，师生将学习的知识实践在祖国的大地上，积极做田间春耕行动者。

3. 打造耕读教育场域，营造知农研农良好氛围

成立农业历史研究中心，以研究、宣传农业历史，传承、活化农耕文明为己任开展科学研究、人才培养工作；创建"学术三问"交流平台，连续10年开展"问学、问实、问友"的学术交流活动，其中，以100多期"作物科学高端讲坛"邀请知名科学家面对面"问学"、以300多期"三农讲坛"邀请农业企业家进课堂"问实"、以300多期"学术晚茶""硕博话榜样"邀请朋辈轻松交流"问友"。研究中心和"学术三问"助力研究生"知农事、懂农情"，营造了师生共探、师生共研、朋辈共享的耕读文化氛围。

（二）服务粮食安全战略与提升科技创新能力相融合

1. 促进通专融合，建立耕读教育课程体系

构建耕读文化与情怀培养、农科基本素养、现代工程与信息科技、现代农业产业案例库等四大模块课程，建成"农"味鲜

明、知识结构合理、理论与实践并重的研究生耕读教育课程体系。

第一，在耕读文化与情怀培养模块建设《中国传统文化》《中国农业文明史》等农耕文化类课程18门，《中国文化经典导读》《中国文学经典导读》等经典诵读类课程6门。通过课程把实践文化贯穿育人全过程，实践文化浸润思想，通过内生动力驱动实践成为行动自觉。

第二，在农科基本素养模块建设《绿色中国》《大国种业》等耕读中国类课程25门，建成《耕读中国》《大国三农》等课程思政示范课36门。

第三，在现代农业工程与信息科技模块建设方面，新开设《植物基因组育种》《植物纳米技术与农业应用》《植物先天免疫学》等30门前沿课程；注重学科交叉，开设《作物表型组学》等多学科交叉课程；筑牢学术诚信底线，增设必修课程《科研伦理与学术规范》；提升实践比重，增设《植物保护基础技能训练》《植物与微生物互作》《高级生物统计与R语言》等16门实践课。

第四，在现代农业产业案例库模块建立《现代农业发展与实践案例》《高级植物育种理论与技术》《植物有害生物综合防控》《植物有害生物鉴定与监测》等20门实践性强案例课，与企业导师共同开设案例课程5门，引导研究生了解农业最新动态，不断学习行业先进技术。《稻田种养模式发展案例解析》《饲料（绿肥）油菜绿色高效生产与利用技术》《机收再生稻绿色丰产高效栽培技术》等案例入选国家首批农业硕士农艺与种业示范性教学案例。

2. 实施"硕彦计划"，实现本研贯通培养

较早探索本研贯通培养拔尖人才，持续12年实施"硕彦计

划"，国家级教学团队深耕教学一线，引导大一学生"早进实验室、早进课题、早进团队"，在"三田"（科研田、试验田、丰产田）中耕读实习。大二学生申请"硕彦计划"，高岗教授担任导师，个性化培养，滚动考核。每年初次入选人数为60余人，累计遴选600余名优秀本科生入选"硕彦计划"，每年中期淘汰控制人数30人，遴选20名优秀学生进入名师团队进行硕士阶段学习，实现科技后备力量早发现、早培养。

3. 依托重大科研项目，锻造提升科研创新能力

改革研究生招生指标分配方式，研究生资源配置优先满足国家重大科研任务；改革研究生培养方式，实施团队导师集中指导；改革研究生学位论文选题方式，围绕种源创新、生态种养、绿色植保等国家粮食安全重要领域做有组织科研，90%以上研究生学位论文选题源自学科"十三五"承担的367项国家级课题，在作物遗传改良国家重点实验室等7个国家级平台及农业部农业微生物资源利用综合性重点实验室等15个省部级平台完成；研究生课题100%服务国家科技创新，促进学科在棉花等作物基因组、植物单细胞测序技术、再生稻、植物疫苗等领域取得国际领先的科研成果。

（三）推进乡村全面振兴与强化耕读实践能力相融合

1. 持续实施"硕果计划"，耕读融合培养"头雁"

持续5年实施吸引本科生推免攻读专业学位硕士生的"硕果计划"，累计遴选100余名本科生围绕生产实践问题开展科研活动，在多轮滚动考核后，最终挑选50名优秀"头雁"进入专业学位硕士阶段学习。学校从2019年开始进行专项制培养，在招生指标分配上向耕读教育倾斜，结合国家战略需求，设立襄阳智慧农业、神农架生态保护、潜江虾稻互作、长江经济带等专项计

划,通过发布指南、揭榜挂帅,遴选合适的项目责任人,专项计划招生指标单列并逐年增长,专项制招生占比从最初的17%增长到2022年的50%。同时,开展专业硕士、专业博士研究生项目制培养,成立"双水双绿""荃银高科班""正邦班""襄阳专项"等专业学位研究生双创班,形成以产业项目为纽带的产学研结合人才培养模式。与扬翔集团开设生态与智慧养殖创新班、与海大集团开设渔业精英班,实现培养方案单列、课程定制开设、实践定点派出,就业定向优先,行业导师深度参与人才培养全流程。并与先正达、大北农等行业龙头企业开展产教协同育人,聘请61名资深企业家为专业学位行业导师,共同参与专业学位研究生培养。

2. 加强推动耕读实践,提升实践创新能力

充分利用岗位科学家资源丰富的优势,成建制选派师生开展"乡村振兴荆楚行"。依托2020年7月华中农业大学举全校之力在湖北率先开展"乡村振兴荆楚行"耕读实践活动。学校突破各学院、学科界限,以一位学校领导带领一个学院、一个业务部门,组建一个工作专班,联系服务一个地市的组织方式,主动对接湖北省内17个市州的109个涉农县市区,从单个课题组行为上升到有组织的政府和学校行为。校级层面成立领导小组,校党委书记、校长任组长,校全体党政领导班子为成员;学院成立专班,针对各自负责地市州"责任田",调集全校产业骨干"集团作战";建立目标考核机制,列入各学院年度工作要点,层层压实责任。结对地点固定便于长期深耕产业,三年来,600余名专家教授、3000余名研究生深入田间地头,开展科技服务、人才培训、理论宣讲、主题调研等多项工作。学科近5年承担了近六千万的新品种选育、智能虫情测报、稻田种养等企业委托项目,研

究生在导师的指导下，通过课题研究，借助油菜等新品种创制，或再生稻栽培等田间管理技术，或植物免疫等绿色防控技术直接服务于农业生产实际，解决实际问题的本领不断增强，耕读教育模式下的研究生培养既有田间生产的锻炼，又结合校内导师和当地农技推广导师的共同指导，职业素养和服务农业产业的能力不断增长，学生在德智体美劳各方面得到全面发展。

3. 完善专硕培养条件，建立耕读教育质保体系

制定并完善《研究生联合培养实践基地管理办法》，学校现有 3 个国家级示范基地、20 个湖北省研究生工作站、255 个校级研究生联合培养实践基地，"襄阳小麦"等 13 个科技小院，对基地建设采取年审制和退出机制，2021 年取消 25 个基地资格，改变了基地重立项轻建设的现象，从分散实习实践点到校级研究生联合培养基地，再到科技小院，基地建设逐步规范。制定并完善《全日制专业学位硕士研究生专业实践考核管理办法》，采取两本两答辩制（实践记录本+实验记录本，专业实践答辩和学位论文答辩），专业实践答辩不通过不能申请学位论文答辩。制定并完善《研究生学位论文选题审查指导性意见》，明确规定专硕选题必须体现专业性与实践性，学院组成学位论文选题审查小组，对学位论文选题进行集中把关审查，督促优化调整。修订农业硕士专业学位论文标准，允许学位论文以调研报告、规划设计、产品开发、案例分析、项目管理、艺术作品等为主要内容，单独制定此类论文盲审标准。

（四）参与"一带一路"建设与增强全球胜任能力相融合

1. 打造国际师资队伍和课程，提高研究生语言应用水平

全职引进全球高被引外籍科学家 Kenichi Tsuda（津田贤一）、聘请澳大利亚院士 Robert Alexander 等 26 位海外知名学者为兼职

导师，拓宽研究生国际视野；修改研究生培养方案，对研究生全英语课程学分提出明确要求；加强全英文课程建设，建设完成 Plant Biology & Biotechnology，Principle and Art of Crop Production，Molecular Plant Pathology 等32门全英文课，完善全英文课程体系；连续举办国际暑期课程班，提高研究生英语应用水平。

2. 深化国际合作交流，提升研究生国际学术视野

以教育部"111"引智基地项目建设为渠道，获批了作物基因组和分子育种学科创新引智基地等4个国家级引智基地，以及湖北洪山实验室引智创新基地、作物有害生物绿色防控引智基地等两个省级引智基地；积极承办国际学术会议，近10年举办了包括"国际油菜大会""第四届国际真菌病毒学研讨会"等32场国际学术会议，给研究生国际化交流提供了重要平台；实施研究生访学项目，与美国加州大学戴维斯分校等大学开展研究生联合培养项目，将研究生在读期间至少有一次境外学术交流写入培养方案，提升研究生国际视野。

3. "一带一路"留学生定向培养，提高研究生国际交流能力

促进学校与企业的合作，开设"荃银高科国际班"，定向培养留学生，为国内企业"一带一路"境外交流储备人才，为我国企业"走出去"助力；支持学生赴国际粮农等组织任职和实习，提升全球胜任力。结合建设"一带一路"沿线国家需要，与埃及等国科研院所开展定向培养，年均招生20名；构建国际化培养方案和课程体系，留学生在学科专业上的培养目标和毕业要求与中国学生一致，实行学位论文开题、研究生资格考试、研究生中期考核、毕业答辩与中国学生"趋同化管理"；留学生与中国学生同组会交流、同下田实验、同文体竞技，促进多元文化交流碰撞。

三 农科研究生培养实效

（一）耕读教育培养一批农科拔尖创新人才

在耕读教育实施过程中，华中农业大学培育了 4000 余名高层次拔尖创新耕读学子。研究生科研创新能力突出，发表国际期刊论文 3000 余篇，在 Nature 等国际高水平期刊发表论文 570 篇。获全国优博和提名 3 篇，湖北省优博、优硕 38 篇。2017 届王茂军博士 2 篇论文分别入选 2017 年中国农业科学重大进展成果和 2019 年中国百篇最具影响力学术论文。研究生实践应用能力明显增强，获"互联网+""挑战杯"等国家和省部级奖 41 项，获中国大学生自强之星、第十三届中国大学生年度人物入围奖等。为中粮等行业龙头企业培养 100 余名高管，毕业生创立 18 家农业高新企业，为乡村振兴贡献力量。2016 届聂新辉博士扎根新疆推广棉花高产栽培技术，助力脱贫攻坚，受邀参加新中国成立 70 周年庆典。毕业生吴定心创建武汉水之国环保科技有限公司，自主开发生产工业污水处理专用微生物菌剂，累计申请和授权 25 项专利，累计服务客户超 5000 家，公司入选"国家高新技术企业""武汉市科技小巨人企业"等。

（二）耕读教育推动导师团队和学科建设高质量发展

导师团队建设和学科建设是高质量研究生培养的根本。参与项目的导师团队包括中国工程院院士、发展中国家科学院院士 1 人，国家教学名师 2 人，教育部"长江学者"、国家杰青等 13 人次，国家"四青"人才 20 人次，国家产业体系岗位科学家 17 人，教育部创新团队等省部级团队 10 个，国家级教学团队 2 个。建有作物遗传改良全国重点实验室等国家和省部级科研平台 22 个。"十三五"以来，承担国家重大重点等科研项目 700 余项，科研团队在 Nature 等国际期刊发表论文 707 篇，选育新品种 104 个，获国家及省部级科技奖励 15 项。

（三）耕读实践解决地方乡村振兴难题

湖北监利双水双绿科技小院师生探索出"稻—鸭—虾"综合种养模式，提高了小龙虾养殖的规模和产量；湖北潜江水稻—小龙虾科技小院师生针对稻虾种养过程中存在的"重虾轻稻""土壤质量下降""农业面源污染"等问题，提出"三水互利"（水稻、小龙虾、水禽）、"三田互通"（田面、田沟、田埂）、"三料互补"（肥料、饲料和草料）等关键理论与技术，建立了稻虾核心试验区 60 亩，试验示范区 3000 亩，近 3 年在湖北累计辐射面积 120 余万亩；襄阳麦作科技小院师生以大麦和小麦新种质鉴定和新品种示范推广为主，在襄州区年示范面积 6000 余亩，带动周边农户每年种植华麦系列品种近 10 万亩；武穴水稻科技小院师生有力地推动了鄂东南稻区再生稻、稻—稻—油、双季稻种植，促进了当地水稻产能提升、轻简化生产；汉南番茄科技小院师生围绕番茄资源鉴定、种质创新等创制新育种材料 3000 余份，配制杂交组合 280 个，依托龙头企业推广番茄品种 3 个，推广面积 3 万亩；湖北省黄陂区花卉科技小院师生通过美丽乡村建设和社会资本投资旅游开发，使村庄人居环境全面改善，成为武汉市实施"三乡工程"、推进乡村振兴的"第一村"。

（四）耕读教育辐射示范作用显著

耕读文化育人的培养理念和做法，引领带动学校新一轮研究生培养方案的修订。"硕彦计划"引领资源与环境、水产、经济管理等多个学科开展本研贯通人才培养。"耕读·问学＋"成为学校"三全育人"典范。本学科留学生培养经验向全校示范推广，首创的"荃银高科国际班"，辐射到海南并建立国际农业研究中心。《农科研究生创新拔尖人才培养的改革与实践》，入选2022年全国农林院校研究生教育学术年会暨管理干部研修班10个优秀工作案例，并在大会报告交流。浙江大学、吉林大学等20余所国内高校来校调研交流。美国奥本大学、英国哈帕大学和新西兰林肯大学等在合作办学中也就耕读教育进行交流。

（五）耕读教育改革成果受到广泛关注

入选教育部"三全育人"综合改革试点单位，进入中组部《基层党组织书记案例选编》遴选材料，2014年时任中组部副部长陈向群来校考察时认为"这种学习型、育人型、助推型党支部建设很有借鉴意义"。《人民日报》报道"在田间地头坚定扎根农村的信念""专注杂交油菜育种60余年的傅廷栋院士——搞农业的就要多下田""油菜院士的六件套"。"深耕问学""专业+"等育人模式在《光明日报》、《中国教育报》、教育部简报、教育部网站报道。2022年中央电视台1套"开讲啦"讲述了傅廷栋院士"传承科学精神，厚植家国情怀"奋进故事，中国青年报社推出2022年"思政第一课"，国家教学名师张献龙教授作为农林高校教师代表讲述"耕耘30载，只为一朵棉"故事。成果改革举措被新华网、中国日报网等媒体报道。

耕读教育为乡村振兴培育了新农人、注入了新动能，是乡村振兴的灵魂，重新定义着中国乡村的价值和未来远景。华中农业大学的育人实践为耕读教育的实施提供了可借鉴的经验和可复制的路径，涉农高校需要继续深挖耕读教育时代内涵、拓展耕读教育实践空间、发挥多主体协同育人作用、构建耕读教育评价体系，充分发挥耕读教育的育人效能，使乡村在耕读教育中走向振兴。

第五章　农业科学家精神育人的理论研究和实践探索

当前我国经济社会发展面临两个一百年大局，在激烈的国际竞争中，迫切需要增强科技创新实力。农业农村的现代化也离不开农业科技的力量、农业科学家的创新和农业人才的推动。涉农高校研究生群体是农业科技创新的生力军和骨干力量，但部分研究生存在创新意识不强、创新动力不足、原创成果不多等问题，制约着科技创新发展。科学家精神是国家的宝贵财富，21世纪初有学者提出，科学家精神是科技服务人类的加速器，是科学家群体特有的精神品质和价值取向。

第一节　农业科学家精神特质和育人价值

新时代科学家精神具有"爱国精神、创新精神、求实精神、奉献精神、协同精神、育人精神"的丰富内涵，为研究生培养指明了发展方向、提供了精神滋养，科学家精神培育应成为研究生思政教育的重要内容。农业科学家精神是农业科研工作者干事创业的精神支撑，也是涉农高校培养高层次农科人才的重要资源。

涉农高校研究生是国家农业农村现代化发展、乡村振兴战略实施的后备军和重要人才来源，以农业科学家精神涵育涉农高校研究生是推动乡村振兴战略实施、农业农村现代化发展和农业科技强国的题中应有之义。农业科学家精神应融入涉农高校思政教育，发挥引领、指导、激励和涵育作用，砥砺研究生创新品格，引导研究生建功新时代。

一　农业科学家精神特质

由于研究对象生长的周期性和行业的特殊性，农业科研具有长期性、渐进性、公益性、地域性、综合性等特点，农业科学家精神是宝贵的精神财富，既有"爱国、创新、求实、奉献、协同、育人"等科学家精神的共性，也有"解民生之多艰"的厚重"三农"情怀，以及脚踩农田做实验、围着农民做科研的"土味"特性。

（一）振兴"三农"的家国情怀

农业科学家大多在少年时有着与"三农"相关的生活经历，切身感受到农民生活的艰辛和农村农业发展的艰难，怀有对土地的热爱和强烈的报国情怀，从而立下改变农村家乡面貌的志向；在青年时有着服务"三农"的科研和工作经历，深刻认识到农业是国家经济和人民生活的重要支柱，确认了自己的奋斗方向和人生目标，升华出厚重的"三农"情怀。在邓秀新院士看来，选择柑橘作为研究方向，很大程度是基于感性认识，因为小时候砍柴经常见到野橘子，但随着研究深入，意识到这个产业可以帮农民致富，于是一门心思扎进了育种学科，只有种出品质好的柑橘，才能带动当地百姓增收。陈焕春院士于1984年留学德国慕尼黑大学，他夜以继日钻研动物传染病学，顺利毕业并获得博士学位，当时国外导师为他推荐了几份高薪工作，他却毅然选择回国。他说，"出国"就是为了"报国"。华中农业大学"黄大年式教师团队"——畜禽健康养殖教师团队中98%的老师具有"海归"经历，但都无一例外选择学成之后回国报效国家。

（二）坚忍执着的意志品质

农业科学研究不能一蹴而就，农业科学家们往往需要长期的投入和不懈的努力，在研究领域内坚守多年、不断积累，科研过程比拼的是坚持，因此农业科学家具有不畏艰辛、执着追求的优秀品质和百折不挠、坚韧不拔的坚定意志。为了寻找雄性不育的植株，傅廷栋和老师们在学校的试验田、生产田里找了上百万株油菜，最终找到了19株变异植株，成为世界上第一个有实用价值的雄性不育油菜植株；从"小傅"到"傅老"的60余年里，他选育成功的杂交油菜品种有力解决了我国油菜产量和品质两大问题。

（三）躬耕田野的实践品格

农业科研往往需要在田间地头进行，定期、不定期的田间调查、测试、取样是常见的工作内容，农业科学家往往几十年如一日行走于田间地头，奋战在农业科研第一线，兢兢业业从事农业新品种、新技术、新模式的试验、示范研究和推广工作，从而形成躬耕田野的实践品格。张献龙院士30多年来带领团队老师和学生奔赴三大棉区田间地头调查，率先绘制陆地棉和海岛棉参考基因组，解析棉花遗传资源的演化规律，为开展精准设计育种提供"路标"，同时坚持每年在棉田里为棉农讲"棉花经"，就棉农遇到的实际问题对症下药现场指导，提供技术支持，真正做到"一棉暖万家"。

（四）前瞻布局的战略智慧

农业生产周期性长的特点决定了农业科研不能只看眼前而要

考虑长远,农业科学家必须具备超前谋划的战略思维,能够立足现实做出面向未来的预见性决策,从战略擘画中把握前进方向。40余年来,金梅林院士一直带领团队与病毒"赛跑",始终围绕重要人畜共患病和动物新发突发疫病防控的国家重大战略需求开展深入系统研究,创制新型疫苗、诊断制剂等精准生物防控产品,解决动物生物制剂研发和产业化关键技术难题,多项成果填补了国内外空白并在全国推广应用,为我国动物防疫事业和兽医公共卫生安全做出了重大贡献。

二 农业科学家精神的育人价值

农业科学家有崇高的道德品质,农业科学家精神蕴含的开拓进取、求实创新等丰富内涵是研究生成长成才路上的榜样和标杆。作为精神滋养和力量,农业科学家精神能激发研究生科研兴趣、引领研究生科研志向、涵育研究生科研品格、端正研究生科研态度、规范研究生科研行为,促进研究生综合素养的提升。

(一)农业科学家精神对拔尖创新研究生培养的意义

农业科学家精神是涉农高校特有的精神财富,对于涉农高校研究生培养具有信念引领、价值导向和人格塑造的育人价值,涉农高校加强农业科学家精神教育不仅回应了国家战略需求,也是培养德才兼备高层次人才和增强研究生思政教育时效性的必然要求,对农业农村现代化提供人才保障具有重要意义。

(二)农业科学家为研究生涵养"三农"情怀提供"活教材"

农业科学家的个人成长成才经历是涉农高校研究生身边"接地气、可触摸、有温度、能共情"的鲜活案例,在相似的场景中用这些"活教材"来讲道理,更容易引发共鸣和共情,产生启迪、触动和感动，激发研究生投身农业科研的内生动力，进而转为行动。弘扬农业科学家精神就是以潜移默化、润物无声的方式引导涉农高校研究生传承传统农耕文化，涵养"三农"情怀，增强研究生服务"三农"的意愿，践行"强农兴农"的初心使命。比如，袁隆平院士一生努力实现"禾下乘凉梦""杂交水稻覆盖全球梦"两个梦想；盖钧镒院士生命不息、奋"豆"不止；张福锁院士打通农技服务最后一公里；沈其荣院士从土壤中生长出科学初心等。

（三）农业科学家为研究生练就兴农本领树立"真榜样"

杰出科学家的生平事迹往往被凝聚成科学重要性的现实注解，从而成为榜样和模范，农业科学家精神不仅为涉农高校研究生提供内化于心的价值引领，而且提供了外化于行的行为示范，涉农高校传播农业科学家事迹的过程也是为研究生树立起可以效仿和学习的"真榜样"。比如，傅廷栋院士引领油菜四次革命让盐碱地开出油菜花，张启发院士从绿色超级稻到精准"治未病"，不断开辟现代生命科学新赛道，陈焕春院士研发猪伪狂犬病灭活疫苗打破国外垄断，邓秀新院士带领团队实现柑橘鲜果全年供应，金梅林院士专注人畜共患病和动物新发突发疫情防控，张献龙院士构建世界棉花现代育种技术新体系。大先生们在农业前沿领域的奋斗历程完美诠释了他们胸怀祖国、勇攀高峰和严谨治学的精神内核。

新时代科学家精神既是科学家精神中国化和时代化的优秀成果，也是国家建设的强大精神动力和人才保障。新时代农业青年科技工作者跟随农业科学家的脚步深入田间地头、进入村屯农家，在服务乡村振兴中解民生、治学问，像老一辈科学家那样心系"三农"，坚定不移地通过创新和实践寻求突破，练就兴农本领，成为乡村振兴的生动实践者、美丽乡村的具体建设者。

第二节 农业科学家精神育人瓶颈和策略

以爱国主义为底色的农业科学家精神是涉农高校独特的育人资源和宝贵的育人财富，在强化研究生"爱农"的情感认同、锤炼研究生"兴农"本领能力、提升研究生科研品质等方面起到重要作用。同时，以农业科学家精神育人的实践中还存在一些现实问题。

一 农业科学家精神育人瓶颈

（一）科学家精神融入研究生思想政治理论课的深度不够

研究生教育作为国民教育的顶端和国家创新体系的生力军，承担着"高端人才供给"和"科学技术创新"的双重使命。研究生思想政治理论课承担着传授党的创新理论成果，培养研究生社会主义核心价值观和解决研究生思想困惑，促进研究生健康成长等任务，在培养德才兼备、全面发展的高层次创新人才方面有重要作用。加强研究生思想政治理论课的基础性作用，对于坚持正确的人才培养方向有重要意义。

在当前大力推动乡村振兴背景下，应发挥涉农高校思想政治理论课育人主渠道作用，大力培养德才兼备的高质量农业人才，但是目前高校研究生思政课存在实效性不强的问题，具体体现在：

1. 教材结构制约带来的案例不够鲜活

高校思政课的教材内容理论厚重、结构严谨，统一化教学模式难以适应研究生个性化学习的需求，同时由于授课教师学科背景差异较大导致涉农高校思政课课堂讲授时往往普适性教学多、针对性教学少，与农科专业结合的鲜活案例少。

2. 教学管理制约带来的方法不够灵活

高校思政课的课程多、课时量大，实践教学体系不完善。涉农高校思政课教学常常灌输式讲解多、互动性分析少；课堂理论讲授多、课外教学实践少。教学设计、手段和方法滞后于学生要求。

3. 环境条件变化和教师自身素养带来的语言不够生活

进入新媒体时代，语言的表达和形态多样化，作为网络原住民的"00后"学生群体有自己的语言习惯，思政课教师说教性语言多、引导性语言少，缺乏生动的表达，难以引发学生共鸣，导致课堂活力不足，出现课内教师教而不信、学生厌而不学，课外教师教而不引、学生学而不活等现象，这些困境增加了激发涉农高校思政课教学活力的难度。

（二）涉农高校研究生"大国三农"情怀不深

1. 研究生在涉农领域就业的积极性严重不足

尽管农业是一个永恒的产业，具有广阔的研究天地，但现阶段的农村和农业与城市发展仍有差距，对年轻人的吸引力不大，农业科研的条件也相对更为艰苦，科研产出周期长、不确定因素多。研究生在涉农领域就业的积极性严重不足，在涉农领域就业的比例较低，即便是农林院校也还不足50%[1]。涉农高校涵养研究生知农爱农情怀的手段单一、培养实效不强，部分研究生服务"三农"的意愿不强，存在"学农不爱农、学农不务农"的现象，

---

[1] 张静、符丹：《农林院校研究生涉农领域就业选择及就业前景期望的研究》，《中国林业教育》2022年第2期。

涉农高校人才培养无法满足乡村振兴对高层次人才的需求。

2. 研究生在农业领域的科研志向不高

老一辈农业科学家有着明确的奋斗为农的志向，相比之下，涉农高校研究生生源来源复杂，读研动机多样，"自主意识强、价值观更现实"① 是"90 后"研究生爱国主义教育最为突出的难题。研究生价值取向日趋多样，更加追求个性和自我，为国为民的责任感和担当意识弱化，难以树立高远的科研志向。部分研究生倾向于短平快的课题，缺乏选择挑战更大、创新性更强的课题的勇气和动力；学术视野不开阔，缺乏批判性思维和创新精神。少数研究生学术道德意识淡薄，科研态度不端正，学术行为不规范。涉农高校在人才培养过程中需要着重引导研究生将个人追求与祖国需要结合起来，召唤起研究生内心的责任感。

3. "强农兴农"本领不够

受新一轮科技革命和产业变革影响，乡村振兴对人才的需求发生了根本性变化，对人才质与量的要求日益提高。而生源多样化造成的接受农业基础教育不系统导致涉农高校研究生缺乏系统性思维；实践教学体系的不完善和实践育人机制的不健全，影响了农科研究生实践创新能力的培养；校企政协同力量不足、科研团队产业链接不够也制约了农科研究生实践动手能力的提升。

二 农业科学家精神育人策略

新时代科学家精神既是科学家精神中国化和时代化的优秀成果，也是国家建设的强大精神动力和人才保障。农业科学家精神融入涉农高校思政课体现了教学需要，回应了现实诉求，能加强

---

① 吴东姣、马永红、张飞龙:《中国研究生社会主义核心价值观调查研究——全国 35 所高校 4476 份问卷数据分析》,《重庆大学学报（社会科学版）》2019 年第 1 期。

研究生精神教育、能力教育、思维教育，增强学习内动力、调节课堂气氛、提高课堂效率，强化研究生使命意识、担当意识和责任意识，对补足研究生的"精神之钙"有重要价值。

农业科学家精神蕴含丰富的德育元素，与高校育人目标有很多契合点和连接点，融入高校育人环节的过程中要遵循充分利用校本资源、结合学科专业特点、发挥两个主体作用等原则，找准科学关联点、提炼共情点，使农业科学家精神深度融入研究生思政教育体系。构建多维融入途径：深化课程教学改革，使农业科学家精神成为研究生思政课程和课程思政的"活教材"；强化学风作风建设，用农业科学家精神为研究生树立学术道德和学术规范的"真榜样"；活化科研实践活动，以农业科学家精神引导研究生练就发现问题、解决问题的"细功夫"；优化导师队伍，以农业科学家精神引导构建导师和研究生的教学科研"共同体"；醇化校园文化，以农业科学家精神引领营造"鼓励原创、宽容失败"的研究生科研"新生态"。

涉农高校思政课教学需要抓住专业特色、确立"农林"底色，在学段间、学科间形成一体化合力；突出"情、准、实"增强育人活力，开发信息化育人资源、特色案例资源和时事政治资源；创新考核方式，开展能激发学生思考的兴趣和表达欲望的反馈和互动；推进农业科学家精神与高校课程思政知识耦合和"第二课堂"同频共振，构建课内实践、校园实践、社会实践"三位一体"的实践教学模式，将新时代研究生培养成强农爱农的乡村振兴的生动实践者、美丽乡村的具体建设者。

面对农业科学家精神融入深度不够及融入实效欠佳等困境，要创新引导方法、强化实践活动、完善评价机制，感悟科学家精神。科研团队以实验室为场所、以科学家精神为传承的系统关系对精英培养能起到重要作用。

第三节 农业科学家精神育人的实践探索

"民以食为天",农业生产是世界性问题,农业科学家们具有深厚的家国情怀。华中农业大学的农业科学家们用脚步丈量祖国大地的同时,也用自己的学识改变着贫困地区的面貌,给百姓带来生活的希望与力量。

同时,结合当前涉农高校研究生培养中存在的现实问题,学校持续开展人才培养改革探索,以生命科学技术学院为代表探索了农业科学家精神涵育涉农高校研究生的实施路径,充分发挥农业科学家精神铸魂育人作用,为我国乡村振兴战略实施和农业农村现代化发展提供坚实的人才支撑。

一 华中农业大学的兴农行动

(一)前辈科学家开拓进取

早在 1956 年,章文才教授多次深入荒山多、耕地少的宜昌窑湾乡,他向农民传授柑橘栽培技术,培养了 400 多名柑橘嫁接手,推广良种。1983 年秭归脐橙突发大面积裂皮病,险遭覆没。章文才教授指导当地农民采用红橘做砧,才使脐橙起死回生。在柑橘研究团队的接力帮扶下,秭归成为"中国脐橙之乡",脐橙成为当地群众脱贫致富的重要支柱产业,晚熟脐橙造就了 12 个亿元村。2006 年,秭归县归州 3 万多名橘农自发出资,为章文才教授立起了纪念铜像。

1957 年,李文英从华中农学院(华中农业大学的前身)毕业，她扎根基层，从事农业技术推广33年，常年奔走在田间地头，退休后依然为农民义务做技术服务，在平凡的岗位上默默奉献，被农民尊称为"棉花奶奶"。

1978年，杨新美教授走遍随州三里岗2600多亩山场，教农民种香菇，40年里，杨先生的弟子罗信昌教授、吕作舟教授、边银丙教授扎根三里岗，三代"菇神"接力服务菇农，带动30多万人增收。2008年，三里岗镇4.6万名老百姓自发在吉祥寺村香菇交易市场为杨新美教授塑像，以表达感激之情。

熊远著是新中国第一位养猪院士，他从20世纪50年代末开始，就执着于猪育种和科学养猪事业。他主持育成了我国瘦肉型母本新品种"湖北白猪"及其品系，并培育了多个瘦肉猪专门化父母本新品系并配套利用；90年代，运用数量遗传学知识，在国内较早开展了猪的重要经济性状QTL定位及候选基因的研究，进行肉质、胴体和生长等36个主要性状的区间定位，为开展猪分子育种奠定了基础，为中国猪种选育的规范化和商业猪规范化养殖做出了贡献。

"武昌鱼之父"易伯鲁教授是中国最早研究浮游甲壳动物的学者，1959—1968年，他参加和主持了长江干流的鱼类生态调查，查清了长江干流草、青、鲢、鳙四大家鱼产卵场的分布、规模、产卵条件和自然环境特点，为科学利用和有效管理长江四大家鱼资源提供了科学依据。

1986年张启发院士创建华中农业大学水稻研究团队，以该团队为骨干力量，1987年建立生物技术中心，这是全国农业院校第一个能开展较完整分子生物学实验的研究基地，1993年获批当时农林院校唯一的分子生物学博士点。张启发院士带领团队围绕水稻遗传改良等国家重大战略问题对高层次人才的需求，通过开展水稻功能基因组和绿色超级稻研究，推动我国植物分子生物学研究从"一穷二白"、落后于外国同行20年的基础上起步，奋起直追，一举站到国际学术界的最前端。

(二) 传承精神接续奋斗

章文才教授的学生邓秀新院士是新中国第一位果树学博士，他接过老师科研的接力棒，在中国首次建立起柑橘原生质体分离、细胞融合、培养及再生技术体系，带领团队在全球率先完成首例甜橙基因组测序，首次发掘到类似一年生作物的模式材料——单胚山金柑，搭建起柑橘遗传学和功能基因组学研究平台，推动中国柑橘基础研究等领域进入世界第一方阵。

蔡礼鸿教授连续十年驻扎鄂西建始，走访了百余家贫困户，开展了数百次农户种植技术培训，足迹遍布了猕猴桃集中种植的田间乡野，乃至乌蒙山区、秦巴山区、大别山区和罗霄山脉上的贫困县，尽一生所学开展公益帮扶事业，用科技为果农铺就脱贫路，以园艺产业绘就乡村振兴新画卷。

袁宗辉教授攻克了未知代谢物、残留物鉴定和定量测定等关键技术，揭示了多种兽药在畜禽鱼体内的物料平衡、体内过程及其种属特点，阐明了其代谢谱、代谢路径和残留规律。为我国基础兽医学科发展、食品安全评价和风险管控以及新兽药研发等做出了贡献。

赵书红教授带领团队在国际上率先创建了猪整合组学基因挖掘技术体系，构建了全球首个基于猪基因编辑技术的高通量功能基因筛选平台，突破了基因组低成本、高通量分型技术，瞄准生猪育种打破国外技术垄断，研发了具有自主知识产权的基因组育种新算法，在猪基因组研究与育种应用领域对国外形成了技术优势，制造猪业"中国芯"，为我国打好生猪种业翻身仗提供了新技术，守护中国生猪种业安全。

2005年6月，四川暴发人畜共患病。陈焕春院士、金梅林院士接到消息后立即赶赴现场，拿到一手资料迅速进行研究，很快发现是猪链球菌在作祟，并针对性提出了紧急控制方案，遏制了病情蔓延，为当地老百姓解了燃眉之急，被尊称为生猪的"守护神"。2020年，两位院士不顾个人安危进入一线，第一时间完成病毒采样展开研究，同时通过视频对农户进行在线指导，其间撰写了3个猪病防控适用技术指导方案，为产业和猪农排忧解难。在脱贫攻坚战中，陈焕春、赵书红、何启盖等党员教师主动请缨，多次带领团队奔赴湖北咸丰县、贵州剑河县、云南兰坪县等地，走进贫困户家中问难施策，指导养殖选种育种，为脱贫奔小康提供科技支撑。

还有被称为"红河人民的教授"的倪德江教授，怀有"绿色超级稻"梦想的张启发教授，先后三次援藏9年成为藏区农牧民群众牛舍羊圈边"知心人"的李家奎教授……学校的农业科学家们时刻将农民放在心上，与"三农"同呼吸、共命运，为兴农富农贡献着自己的力量。

为提升服务"三农"能力，学校先后成立了新农村建设办公室、新农村建设研究院、新农村发展研究院，围绕国家农业产业重大需求建立了技术推广、产业合作、人才培训、对口支援、定点扶贫等多元化的服务体系，以及"六个一"产业精准扶贫、"智力+"教育扶贫的服务模式。近年来，学校向大别山区红安县、武陵山区的恩施州等派遣了近千人的科技扶贫开发团，对口支援三峡库区、定点扶贫建始县，科研创新不断助力产业升级，仅在建始县就成功促成了魔芋、猕猴桃、茶叶、玉米和高山蔬菜等5个过亿元的产业。

新时期，志愿团队成为学校又一支重要的兴农力量。2002年，徐本禹远赴贵州山区支教，他的事迹感动了中国，也鼓舞了更多师生加入，十余年来，"本禹志愿服务队"发展为21支特色志愿服务团队，服务内容延伸到更多的社会公益领域。2013年12月5日，习近平总书记给"本禹志愿服务队"回信，勉励全体青年志愿者"与祖国同行，为人民奉献"。每年暑假，学校派出数千学生参与的博士生实践服务团、大学生农村政策宣讲团、义务支教服务团等，在服务中践行耕读精神。

2016年，中埃农业科教中心成立，学校服务国家"一带一路"倡议迈出坚实的步伐。新时代的华农人将服务做出了国门，向世界展示了华农力量。

二 传承农业科学家振兴"三农"的家国情怀，引导研究生树立理想志向

（一）科学家奋斗历史激励研究生成长

历史是最好的老师，学校在校园文化建设过程中特别注重科学家奋斗历史的传承，面向新生开展校史、院史、学科史教育活动，讲述我国油菜遗传研究开拓者刘后利先生、柑橘研究奠基人章文才先生等老一辈科学家在物资极度匮乏、科研条件十分落后的情况下，凭借一腔爱国热忱，白手起家，砥砺前行，赶超世界先进水平的奋斗史。

20世纪90年代团队成员在停水停电的条件下自筹资金建设水塔，创造条件保障实验室运行，2016年学校建设小白塔纪念碑并刻文《小白塔记》纪念艰苦创业精神。2012年在作物遗传改良国家重点实验室（以下简称"作重室"）成立20周年之际，"作重室"师生编写出版了专著《激扬与追求》，全面记录了在"卓

越文化"的影响下,"作重室"白手起家,逐步发展为国内一流、国际上有重要影响的现代生物技术研究平台的辉煌奋斗史。

与此同时,学校会在重要时间节点进行专题教育活动;在十九大、二十大开幕、改革开放周年、五四运动一百周年、中国共产党成立一百周年等特殊时刻,组织全校师生集中观看并开展研讨学习。通过了解国家发展历史,学科发展脉络,学习身边典型事迹,激励师生树立投身我国现代农业科技事业的志向。

(二) 优秀文化引导研究生树立科研志向

1997 年,学校生命科学技术学院张启发院士在《谈做学问兼论人生》中提出"人一辈子要有所建树",鼓励博士生要不断奋斗,形成"不断进取的奋斗精神和以工作作为第一需要的人生观",改变自己的命运,并带领师生践行"激扬梦想、追求卓越"的"卓越文化",在老中青传帮带中实现历史传承,塑造了科研团队的核心价值观。从此,"以工作为第一需要"的人生价值观逐渐融入团队研究生的"基因",激励着研究生克难攻坚,追求卓越,不断产出高水平成果。团队还定期开展"活思想"讨论,从优秀中华文化中汲取精神力量,如根据"志之难也,不在胜人,在自胜""千里之行始于足""合抱之木,生于毫末""九层之台,起于累土"等名言,组织博士生结合个人研究与生活谈理解、讲心得,师生在交流中不断坚定理想信念,克服畏难思想,战胜自我。

(三) 导师表率涵育研究生志向品格

学校科学家们认为:一流的导师做榜样,二流的导师做教练,三流的导师做保姆。导师是研究生培养的第一责任人,必须为人师表、率先垂范,要求研究生做到的导师要先做到。油菜遗传育种学家、中国工程院院士傅廷栋信奉"身教重于言传",每到油菜生长季节，即使已八旬高龄，他依然穿着著名的"傅氏六件套"按时下地，基本没有周末和假期。水稻团队每到夏季最为忙碌，在武汉校内基地，导师与研究生一起战高温，下田播种插秧、杂交取样收种、记录田间试验数据，年均150亩水田十万余份科研材料。冬季在海南南繁培育基地，导师与研究生同吃同住，在田里早出晚归，春节也在基地度过。团队坚持以人格魅力引导学生心灵、以学术造诣开启学生智慧。在导师言传身教下，研究生以导师为榜样，立下兴农志向，重视学习，全身心投入科研，争分夺秒，耕读不辍。

导师对研究生学术上严格要求的同时，全方位关心关爱学生成长。为资助困难学生及奖励品学兼优的学生，2006年张启发设立启发奖学金，其后团队毕业生两次进行增资；2019年水稻团队教师、团队毕业生捐资设立启发石平基金，王石平老师更是捐出个人全部存款。在积极向上的育人氛围中，作物遗传改良全国重点实验室成立30多年来优秀人才不断涌现，本土培养了4名院士。

三 传承农业科学家前瞻布局的战略智慧，孕育研究生创新思维

（一）本硕博一站式贯通培养优化人才培养周期

依托国家生物学基础科学研究与教学人才培养基地和国家生命科学与技术人才培养基地，1997年起实施"3+2+3"本硕博贯通。建立起"点—线—面"立体开放学术体验体系。通过实验室体验班、水稻课题组开放周等，带领大学生直观感受现代农业科研氛围。开设分子细胞生物学、基因组学、蛋白质组学等11门系列前沿课程，组织院士、教育部"长江学者"等高岗教授为新

生开设研讨课。组织发起"千问计划",鼓励学生发现问题、提出问题、解决问题,激发学生探索意识。设立国家—学校—学院三级大学生科技创新项目,年均投入100万元,引导学生早进实验室、早进团队、早进课题组,开展1—2年项目研究。鼓励学生在2—3个实验室进行轮转,有充分选择空间,激发科研内生动力。团队博士生有66%为本硕博连读,88%为硕博连读。

(二)"关键问题+重大任务"接力棒研究攻克重大科学问题

25位导师带领236位博士生依托国家重大科研项目,将优质科研资源转化为育人资源,形成"关键问题+重大任务"培养机制,师生形成紧密学术共同体,共同站在学术最前沿。团队发起并牵头"863"计划重大项目"水稻功能基因组研究",为克隆广亲和基因S5,14名博士生持续20年攻关,在 Science 等国际权威期刊发表论文14篇,首次揭示水稻籼粳亚种间生殖隔离的机理,入选2011年度"中国高等学校十大科技进展"。另一个"863"计划"绿色超级稻新品种选育"项目培养研究生282人,其中博士生184人,推广面积超过1亿亩,新增产值300多亿元,取得显著社会经济效益,入选庆祝改革开放40周年大型展览。

(三)高层次全方位学术交流拓宽研究视野与格局

2011年博士生创立"学术沙龙",十年开展300期,嘉宾包括院士、海内外学者、普通学生、公司高管等,兼容并蓄,畅所欲言,碰撞思想。团队定期就国际高水平期刊论文展开研讨,组织不同课题组、不同学科间的互动讨论,充分利用网络技术让研究生足不出户就可以与世界一流科学家对话。制定《博士生参加学术会议的管理办法》,分级分类资助博士生开展国际学术交流,所有博士生均有海外学术交流经历。先后与美国丹福斯植物科学中心、美国亚利桑那大学等建立联合实验室。2003年张启发等院士发起首届国际水稻功能基因组大会，2015年承办第13届大会，为本领域最具国际影响力的学术盛会。2015—2019年邀请和接待海内外知名科学家184人次，举办学术讲座140场，108人次应邀在国内外大型学术会议上做报告，其中国际特邀报告60人次，举办6次大型双边国际学术会议和2次暑期培训班。

四 传承农业科学家的坚忍执着的意志品质，涵养研究生科学态度

（一）"课题组＋大团队"双重指导把握科研方向

根据研究内容，团队分为11个课题组。采取导师第一责任、课题组把关、大团队集体指导相结合的培养方式，实施每周课题组例会和每学期大团队考评制度。课题组例会掌握课题进度，及时解决思想困惑；大团队考评由已经完成开题的博士生汇报进展，接受多位导师的质疑和建议，拓展研究思路，保证研究方向。以开题报告书为载体开展博士生资格考试，提升博士生"讲好一个科研故事"能力。

（二）"交规式"学术不端惩治体系坚守诚信底线

团队推动学校制订《华中农业大学学术规范》和《华中农业大学处理学术不端行为暂行办法》，建立起"交规式"学术不端行为惩治体系，旗帜鲜明亮出学术道德底线和红线，并且持续在"新生第一课"面向全校研究生宣讲科学道德与学风建设。在全校率先制定《科学研究实验记录管理办法》，统一科研记录本的格式和要求，采取普查和抽查相结合的方式对研究生开展全覆盖的科研记录检查，以导师点评和博士生互评两种方式评定等级，并将优秀科研记录本进行展示。这一做法从实验环节上强化博士生学术道德意识,在科研细节上养成博士生严谨的科研态度。

(三) 分级管理、责任到人管理体制培育良好科研行为

实行"统一管理、分级负责、责任到人、全面开放"的管理机制。团队统一调配资源,形成建设合力;从空间、学习、学术、行为、经费等五个方面制定40余项实施细则。为提升自我管理能力,将每个房间、每台设备、每批材料的管理分解到每一个研究生。实行严格责任追查机制,师生违反规则都要写检讨,情节严重者大会批评。大力开展实验室公共区域建设,持续推进厕所革命,卫生条件得到根本改善。提倡研究生和年轻教师空手不乘坐电梯,步行走楼梯以节约能源,锻炼身体。

五 持续开展科学道德和学风建设,引领研究生规范科研行为

科学道德和学风建设关系到人才培养质量和学术繁荣,也关系到国家和民族的未来,良好的学术道德和学风不仅是大学精神的集中体现,也是高校的立校之本、发展之魂。学校一直高度重视科学道德和学风建设,倡导"顶天立地、追求卓越"的学术风尚,形成了"育人为本、崇尚学术"的传统,以"弘扬科学家精神,恪守学术规范"为主题制定持续弘扬农业科学家精神的学术活动方案,在氛围营造、制度约束、宣讲教育、载体拓展等方面,初步构建了科学道德和学风建设宣讲教育工作长效机制,取得了较好效果。2015年,学校被中国科协和教育部列为全国11所科学道德和学风建设宣讲教育案例教学试点单位之一,按照"全覆盖、制度化、重实效"工作要求,做到"两个坚持、两个加强、三个突出","两个坚持"是指坚持宣讲教育面向新生和新导师全覆盖;坚持宣讲教育和制度约束并举,覆盖人才培养全过

程。"两个加强"是指加强教育载体创新,多种渠道融合;加强案例教学,纳入课程建设体系。"三个突出"是指突出课程建设、突出制度完善和突出载体创新。学校通过系列活动,共建师生学术家园,形成遵守学术规范、坚守学术诚信、完善学术人格、维护学术尊严的良好局面。

(一)坚持科学道德和学风建设教育面向新生和新导师全覆盖

学校将科学道德和学风建设宣讲教育纳入新生入学教育的"规定动作",并明确规定由各学科带头人、各学院院长担任主讲,时间不少于2学时。从2016年9月起,各学院组织开展研究生新生入学教育,将学术诚信教育纳入活动方案。由学院组织领导专家面向全体研究生新生做关于诚信教育、道德教育和感恩教育的主题报告。时任校长邓秀新院士、工学院院长廖庆喜教授、信息学院院长张红雨教授等上讲台给研究生新生上第一堂科学道德课。

学校开设了导师学校,每年面向导师开展系统培训,师德师风和学术诚信是新导师培训的"必讲内容",主讲教师一般由校长和院士担纲。如,学校以治学与育人为主题召开的导师座谈会上,邀请了张启发院士、舒红兵院士为新聘导师和校外兼职导师开展培训,舒红兵院士以"我的科教人生"为主题与学校导师、研究生畅谈学术创新与治学精神。

(二)以科学家精神案例教学发挥课程在科学道德和学风建设中的基础性作用

第一,开设必修公选课。将科学家精神案例融入人才培养方案必修课、公选课等。学校组建教学团队,围绕科学家精神、科学道德、科学伦理和科学规范等知识点,结合学校学科特色,组编正、反面教学案例。2016年《科学道德与学风建设》课正式开课，学校学术道德委员会主任张启发院士担纲第一讲，收效良好，被新华社、人民网等多家社会媒体报道。

第二，建设网络课程。在线下课程的基础上，学校组织教师团队结合教学知识点及案例建设《科学道德与学术规范》慕课，课程内容将兼顾自然科学和人文社会科学的特点，主讲教师团队由自然科学和人文社会科学的高岗教授组成，教学形式将满足校内和校外不同学员的需求，按照"校外慕课、校内SPOC"方式组织教学，校内学生的教学将融合在线学习和案例教学式的面授两种教学组织方式。

第三，开展在线考试。将科学家精神、科学道德、科学伦理和科学规范知识点，以及学校已出台的相关制度，设计成试题库，供师生自主学习，并组织在线考试。所有研究生在开题前必须通过在线考试。

(三) 坚持宣讲教育和制度约束并举，覆盖人才培养全过程

学校倡导丰富多彩的学术文化引领研究生校园文化建设，立体构建学术交流平台，形成纵横交错、学科交融、内外联动的多维学术交流格局，让研究生在浓郁的学术氛围中启迪智慧，提升创新意识与创新能力，并将科学道德与学风建设教育活动贯穿到各项学术活动中，学校年均开展研究生报告500余场，年均49000多人次参与。

由校学术道德建设委员会主任张启发院士牵头，出台完善的《华中农业大学学术规范》和《华中农业大学处理学术不端行为暂行办法》以来，对学校师生淬炼学术文化，恪守学术规范发挥了重要作用，尤其《暂行办法》是学校首创，作为师生学术规范

的"交通法规",详细列举了各种学术不端行为具体表现及分别针对研究生、导师和教职工学术不端行为的处罚细则,科学严谨,操作性强。与此同时,学校修订了《学位论文研究开题报告写作规范》《学位论文形式规范》《学位论文复制比检测管理办法》,完善了研究生科研记录检查制度、学位论文选题查新制度和博士学位论文全盲评制度,实行学术不端行为一票否决制和导师责任追究制,相关制度覆盖了研究生培养的全过程。

学校严格实施研究生科研记录检查制度、学位论文选题查新制度和学位论文盲评制度,实行学术不端行为一票否决制和导师责任连带制。学校连续10年采取学院自查、学校抽查相结合的方式进行研究生科研记录检查,检查对象覆盖进入学位论文研究阶段的所有研究生,并选取检查中出现的正、反面典型案例进行展示,提高认识。自2016年起,学校启动博士学位论文全盲评制度,采用网络评审方式促进论文水平提升。

(四) 多渠道弘扬科学家精神入脑入心入行

学校坚持集中教育与分散教育相结合,结合实际,创新弘扬科学家精神活动的形式与载体,增强感染力和说服力,推动科学家精神入脑入心入行。在坚持将弘扬科学家精神宣讲教育纳入新生入学教育和导师培训,并制度化的基础上,学校通过举办研究生学术年会和科学家精神、学术道德与学术规范知识竞赛,加强科学家精神、科学道德和学风建设宣讲教育。

研究生学术年会是学校覆盖面广、影响力大、引领研究生学术风气的大型学术盛会,每年举办一次,以"学术规范和学术创新"为主题,历时两个月。其中弘扬科学家精神、科学道德和学术诚信教育是重要内容。论坛开设1个总论坛和15个分论坛。年会期间,邀请校内外学术大家、院士等为学校研究生做专题报告，示范学术诚信，探究科研与创新，勉励研究生导师和在校研究生弘扬科学家精神，坚守科研底线，在探求真理的征途上砥砺前行。

学校还将弘扬科学家精神、科学道德与学风建设纳入研究生党建的重要内容，作为研究生党建重点立项项目，连续三年举办知识竞赛，充分发挥研究生党员在普及学术规范方面的先锋模范作用。知识竞赛分初赛（笔试）与决赛（现场答题）两个环节，研究生参加比例高，自2014年开办以来参与规模成倍增长。学校还利用"华农研究生"微信公众平台进行每周四线上测试活动，增加活动的辐射范围，在校生答题人数接近100%，弘扬科学家精神、科学道德与学术规范知识竞赛已经成为学校党建工作和学风建设的品牌工作、在校研究生的重要赛事。

学校还改革了坚持多年的研究生资格考试制度，以开题报告书作为资格考试的载体，重构博士生资格考试模式，从学科知识考核转变为对博士生综合能力的考核。以开题报告书的写作作为笔试成绩，改变了课题依赖导师指定、研究生主动思考较少的现状，促使研究生变被动为主动，通过阅读文献、独立思考、多方论证等选择高质量的研究课题，更能促进师生学术共同体的形成与发展；写作的过程就是分析归纳、研究思路与科学思维形成的过程，学会"讲好一个科研故事"正是研究生成长为一名合格的科研工作者所必须不断练习并熟练掌握的，因此开题报告书可以充分体现出研究生的综合能力。

六 农业科学家精神引领的拔尖创新研究生培养效果

学校以农业科学家精神文化为研究生培养提供了精神动力和价值引领，研究生群体科研创新氛围浓郁，研究生创新活力增强，团队服务社会成效显著，人才培养环境不断优化。涌现了一批拔尖创新研究生，产出系列高水平科研成果。

（一）拔尖创新人才辈出

在农业科学家精神的激励和引导下，学校培养出中国科学院院士1名，中国工程院院士5名，美国科学院院士1名；国家杰出青年科学基金获得者32人，国家优秀青年基金获得者32人，现代农业产业技术体系首席科学家1人、岗位科学家59人。国家自然科学基金创新研究群体6个，省部级优秀创新团队84个。国家教学名师4人，国家级教学团队7个。涌现出上海交通大学杰青获得者王风平、清华大学优青获得者孙前文等一批卓越人才典型，这些拔尖创新人才在各自的岗位上、在不同的领域中不断做出成绩和贡献。

（二）文化育人力度增强

学校采取强化价值引领、创新培养模式、打造一流课程、强化创新能力培养、建设狮山书院、提升全球胜任力等举措，从强化大师引领、强化使命驱动、坚持深化国际合作、凝聚育人合力等方面推动文化育人工作进一步深化，并通过优化教学体系、治理模式、管理机制打破"各育"的边界与壁垒，实现学校教育体系的整体变革，构建"五育融通"的全育人的环境来培养未来"三农"拔尖创新人才，文化育人力度明显增强。

（三）服务社会成效显著

学校科研团队始终坚持面向国家重大战略要求、面向农业农村农民的需求开展科研和服务，致力于用科技去解决问题，到产业中去把研究成果转化成生产力。导师带领研究生们开展接力棒式的研究，从1982年章文才先生出题"如何让柑橘吃起来更方便"开始，由当年的邓秀新博士接力，到现在邓秀新院士的博士，终于建立起遗传体系，用了38年时间解决种子消失的问题。团队研究育成的"水稻、玉米、棉花、油菜等品种每年推广面积约1500万亩，每年创造社会经济效益约10亿元，油菜团队育成的油菜品种种植面积占全国油菜种植面积10%以上"[1]，保障了国家粮食安全，促进了民生改善。

（四）人才培养环境优化

在师生共同努力下，学校建设全国重点实验室3个，国家工程（技术）研究中心3个，国家生物育种产教融合创新平台1个，教育部前沿科学中心1个。国际科技合作基地14个，部省级重点（工程）实验室31个，部省级研发中心44个，高等学校学科创新引智基地（"111"计划）7个，省级高校人文社科重点研究基地4个。近5年，获批科研项目7019项，经费49.1亿元。在杂交油菜、绿色超级稻、优质种猪、动物疫苗、优质柑橘、试管种薯和棉花、玉米、淡水鱼等研究领域，取得一批享誉国内外的标志性成果。

（五）教育教学改革卓有成效

学校累计获国家级教学成果奖30项，其中特等奖1项、一等奖4项、二等奖25项。获批国家教育体制改革项目1项、国家首批基础学科拔尖学生培养计划2.0基地1个、国家级新农科研究与改革实践项目6项、国家级新工科研究与实践项目5项、国家级新文科研究与改革实践项目4项、国家级一流专业建设点31个、国家专业综合改革试点专业2个、国家"卓越工程师教育培训计划"专业2个、国家"卓越农林人才教育培养计划"专业8个、国家级一流本科课程58门。建有国家级实验教学示范中心4

---

[1] 侯顺、祁婧、欧阳亦聃、张美冬：《文化引领的拔尖创新博士生培养探索与实践——以作物遗传改良国家重点实验室为例》，《学位与研究生教育》2021年第5期。

个、教育部农业部农科教合作人才培养基地 6 个、国家级大学生校外实践基地 11 个。

(六) 学科优势特色明显

首轮"双一流"成效评价时,学校整体建设 9 项评价指标中,7 项指标为第一档。生物学、园艺学、畜牧学、兽医学、农林经济管理 5 个学科再次滚动入选第二轮国家"双一流"建设学科。7 个学科进入 A 类学科。据美国信息科技所《基本科学指标》数据库(ESI)统计数据显示,我校 12 个学科领域进入 ESI 前 1%,2 个学科领域进入前 1‰,分布于农学、生命科学、理学、工学、医学、社会科学等 6 个门类。其中,进入前 1% 的学科(植物学与动物学、农业科学、生物学与生物化学、环境科学/生态学、微生物学、分子生物与遗传学)实现了农学、生命科学 2 个门类的全覆盖;进入前 1‰ 的学科(植物学与动物学、农业科学)实现了农学门类的全覆盖。

涉农高校培养的拔尖创新人才是解决"三农"问题的主力军,不仅需要有宽厚的专业知识,还需要有深厚的"三农"情怀,专业知识可以通过学习和实践积累,而精神品格的锻造则需要继承和弘扬农业科学家精神来助力。

第六章 "知行合一"思想育人的理论与实践

"知行合一"是中国独有的哲学范畴，也是中国传统文化中修身的实践路径。2019年中共中央、国务院印发的《中国教育现代化2035》从国家教育发展战略高度，把"知行合一"明确作为推进教育现代化的八大基本理念之一①，明确回答了"怎么培养人"这一根本问题，对新时代高校育人实践有重要的指引和借鉴价值。

第一节 "知行合一"思想与其教育指引

"知""行"是多学科的核心范畴，围绕两者的难易、先后、轻重、统一关系、合一关系等的不同观点形成了历史上不同的知行观。"知行合一"本质上是知行一体。高校落实立德树人根本任务，在育人方式的改革上需要遵循知行合一的育人规律，实施全面发展的教育，通过增加教劳结合增强教育的实践性，通过优

---

① 中共中央、国务院：《中国教育现代化2035》，http：//m.moe.gov.cn/jyb_xwfb/gzdt_gzdt/201902/t20190223_370857.html，2023年4月13日。

化学习形态实现知识观念化、知识活态化，充分发挥知与行的育人功能，培养学生解决实际问题的能力。

一 "知行合一"思想历史追溯

（一）二元知行观

"知行合一"的思想渊源非常久远，可以追溯到孔子学以致用的思想，孔子的二元知行观是传统知行观的立论渊源，《易经》和《老子》等古代哲学经典里都有所体现。

到了宋明理学时期，知行观出现四种观点：程颐的"知先行后"、朱熹的"知轻行重"、王阳明的"知行合一"、王夫之的"行先知后"，从不同角度提出对知行关系的理解。

（二）王阳明的知行观

"知行合一"是阳明心学的核心观点。王阳明是明代著名的心学创始人，也是著名的思想家和教育家。明武宗正德四年（1509），王阳明在贵阳文明书院讲学，首次提出知行合一说，并在《传习录》中对知行合一的理论进行了深入阐述，使得这一思想体系得到了广泛传播和深入发展。与之前分轻重、先后的知行观不同，王阳明提出知行并重，合二为一的观点，"知是行的主意，行是知的工夫；知是行之始，行是知之成"，把古代知行观提升到一个新的高度。"知行合一"中蕴含着崇尚实践、重视实践的精神品格，深化了道德意识的自觉性和实践性的关系，把中国古代哲学知行观的认识推向了历史的较高水平，对促进中华优秀传统文化的传承与发展具有积极的理论意义，对推进中华文化道德教育起到了积极作用。

（三）近代知行观

孙中山先生在革命实践的基础上提出"知难行易""不知而

行"等观点；教育家陶行知结合近代中国国情和社会需要，融合王阳明思想与杜威实用主义，强调学校教育与生活生产结合，要手脑并用，劳力劳心结合，提出了"生活教育"的新理念。可见，近代知行观更强调实践的重要性。

二 产教融合理念及其发展历程

（一）从知行合一到产教融合

知行观的演变是社会发展需求的反映，"知行合一"思想也逐渐从哲学领域延伸到教育领域，而产教融合则是"知行合一"教育思想的具体化，也是马克思主义理论中关于教育与生产劳动相结合的思想的中国化，是新时代高校育人的重要路径。

产教融合强调知识与实践之间的联系，从本质上看，也就是"知"与"行"的关系，产教融合沿袭的就是知行合一，是古代知行观具有时代特征的表达。

从词源学看，产教融合中的"产"即"产业"，是行业所组成的业态总称；"教"指"教育"，是人才培养的过程或培养人才的部门。"融合"指的是两种或以上不同事物合成一体，在合成的过程中发生了质的变化，相融而产生新事物。

依据由浅入深的融合程度的不同，产教融合可以分为三种类型："形式融合""部分融合"与"完全融合"。"教"有丰富的科技成果资源积累，但缺乏转化的条件和技能；"产"具备产业化与商业化的能力，也需要新科技成果提升核心竞争力，但技术研发力量相对薄弱。"产教"融合的最终结果是要将高校学科优势转换为产业发展势能，将行业产业资源转为高校育人支撑，从而实现"产"具有一定的"教"的功能，即产业在保持商业性功能的同时，还承担一定的育人任务；同时，"教"能促进"产"

的提升,即教育不局限于教书育人的本质属性,还能配合产业方实现利益最大化。"产教"在融合的过程中既要保障各自主体的独立属性,也能兼顾双方互利共赢、利益最大化,实现人才供给链与产业需求链的高效衔接,进而产生发展新动能。

(二) 从职业教育到全教育体系

产教融合理念最早出现在职业教育领域,为了给产业技术变革提供人才保障,国家提出以工学结合、校企合作的模式推动职业技术教育发展,并以立法的形式确定了产教结合的法律地位。2013年发布的《中共中央关于全面深化改革若干重大问题的决定》中提出"加快现代职业教育体系建设,深化产教融合、校企合作,培养高素质劳动者和技能型人才"[1],正式出现"产教融合"。与产学结合、校企合作等相似概念相比,产教融合更强调"产"和"教"之间的联系和互动,在生产与教育理念上能达成共识,更重视合作的全面性与深度,是高层次的合作。

2017年《关于深化产教融合的若干意见》中提出教育链、人才链与产业链、创新链四链结合,产教融合成为国家教育体系的整体设计,成为国家发展战略的有机组成部分。[2] 2020年全国研究生教育会议召开之后,国家出台系列文件把产教融合作为研究生尤其是专业学位研究生培养的关键举措。《关于加快新时代研究生教育改革发展的意见》要求"强化产教融合育人机制,加强专业学位研究生实践创新能力培养"[3]。可见,产教融合对于拔尖

---

[1] 中共中央:《关于全面深化改革若干重大问题的决定》,http://www.gov.cn/jrzg/2013-11/15/content_2528179.htm,2023年4月13日。

[2] 谢笑珍:《产教融合:从概念改革到行动实施》,《光明日报》2019年8月13日第13版。

[3] 教育部、国家发展改革委:《财政部关于加快新时代研究生教育改革发展的意见》,http://www.moe.gov.cn/srcsite/A22/s7065/202009/t20200921_489271.html,2023年4月13日。

创新人才培养的作用逐渐得到各方认可，逐渐被高校应用于人才培养的实践。

从宏观层面上看，当下的"产教融合"是指产业系统与教育系统的融合，核心是产业发展与教育发展的相互协调、相互促进的问题；从微观层面上看，"产教融合"是指生产活动与教学活动的融合，主要涉及生产过程与教学过程的对接互嵌。产教融合的具体内容包括产业与专业的融合、学校与企业的融合、课程内容与职业标准的融合、教学过程与生产过程的融合①。

第二节 产教融合协同培养研究生的现实困境

产教融合背景下，高校、科研院所、企业等多元主体充分发挥多种不同教学环境、教学资源以及各自在人才培养方面的优势，融生产性实训、教学、研发为一体，把学校教育与生产、科研有机结合，有利于整合教育资源、提高教育水平、提升企业技术创新能力，实现经济社会发展和高等教育有效供给的良性互动。只是从整体看，当前许多高校与企业虽然建立了规模大小不一的产学研合作平台，数量多、类型繁、范围广，但大多属于浅层的结合，产教融合程度不深、质量不高、效力有限，双赢效果不明显，研究生培养理念需要转型、人才培养模式需要创新升级，产教融合的思维需要转变、产教融合的机制有待完善。

---

① 杨淑新、韩玉：《产教融合及其相关概念辨析》，《职业教育研究》2020年第8期。

一 研究生培养理念和模式需要转型升级

(一) 培养理念需要转型升级

我国研究生教育已完成起步积累，正处于从规模发展向质量提升、从内涵性建设向未来领军化构建的重要时期[①]，原有的人才培养理念、方式已跟不上新时代的步伐，随着我国畜牧业经济的快速发展，迫切需要未来领军人才来解决畜牧科技领域重大问题、突破"卡脖子"技术限制、推动创新成果转化，相对落后的培养理念和行业发展的现实需求之间的矛盾更加凸显，研究生教育尚未充分发挥出人才培养高地的作用。

(二) 培养模式有待调整创新

我国研究生教育长期以来强调学术导向，在理论和实践中，往往易把拔尖创新人才培养等同于科研创新人才的培养，在一定程度上弱化了研究生实践创新能力的培养，不利于实践性较强的学科开展人才培养工作。随着近年来专业学位研究生教育的迅猛发展，专业学位研究生的招生人数和在读人数已经持续超过学术学位研究生，研究生实践创新能力的培养逐渐受到重视，但从整体上看，专业学位研究生的培养方式、评价标准很大程度上仍是以学术学位研究生教育为参照，还存在"教学内容重理论轻实践""研究生问题意识薄弱""科研选题脱离产业问题、针对性不强""科产教资源融合不足，研究生创新视野不开阔""服务企业的意识不强、实践能力不够"等现实问题。因此研究生教育需要立足于不同学科的特点和行业产业发展需要，从培养目标、培养方式、培养过程、支撑条件、质量保障、效果评估等要素上开展

---

① 黄宝印、黄海军：《加快发展高质量研究生教育战略意义的认识与思考》，《中国高教研究》2020年第4期。

研究生培养模式的调整改革，做到科研创新能力和实践创新能力培养并重，才能真正全面推动拔尖创新人才培养。

（三）课程教学有待改革突破

作为高端拔尖创新人才培养的主要途径，研究生的教学不再侧重知识点的讲授与学习，研究生的课堂应该充满学术味道、思辨的声音、探究的勇气，炼造研究生"金课堂"，就是促进老师们铸金炼课，使研究生课堂有大哉之问、思辨之乐、大道之学。

研究生课堂之"金"在发问。研究生教育的特点是创新，创新的前提在发问。有问必有思，有思必有得。古有屈原天问、苏格拉底之问，近有李约瑟之问、钱学森之问，问的背后是深度的思考、深沉的思索。研究生教育需要培养同学的问题意识，有所不明就要追问到底。《论语》中，林放问礼之本？子曰："大哉问！"研究生课堂，既要有因果之问、意义之问、真理之问、是非之问、逻辑之问，也要允许有无答之问、混沌之问、匪夷所思之问，这是更深层次、更广范围上的"大哉问"。研究生课堂教学中的"问"应由老师提问为主转为以同学发问为主，通过提问，增强研究生问题意识，提高研究生提出问题的能力，使研究生有问、敢问、能问、善问。

研究生课堂之"金"在思辨。《周易》里"君子学以聚之，问以辨之"提出要通过学习来积累知识，通过讨论来明辨事理。从《礼记·中庸》中的"博学之，审问之，慎思之，明辨之，笃行之"来看，"思辨"很早就是儒家提倡的认识、修养方法，大儒王夫之在《姜斋诗话》中则认为："必极学问思辨之力后可以治天下国家。"研究生教育为学术性教育，需要培养研究生的思辨力，即洞察事实真相和思考分析的能力。研究生课堂不应是沉默的，而应鼓励研究生质疑，允许发出不同的声音，老师们利用思维差异,展开讨论,给出诊断式、引导式点评。"金课堂"上不仅应有你问我答、你言我语、你来我往的论战之声乐,还应有巧思卓辩、妙语连珠的思辨之快乐。研究者乐辩,才能不被浮云遮望眼,提出新观点,走出新道路。

研究生课堂之"金"在大道。"道"出自《道德经》,是中国古代哲学的重要范畴,表示"终极真理"。"大道之行也,天下为公"是《礼记》中孔子理想的"大同"景象。这句话也被经常引用,用来表达为人民、为人类的博大胸怀。研究生教育的重要目标也是追求"为全球、全人类培养人才"的大道,培养有全球视野、人类情怀的研究生。涉农高校的研究生课堂更应立意高远,走出具有耕读特色的"大道",在潜移默化中彰显中华民族传统精华,涵养研究生的家国情怀,使研究生怀报国之心、发兴校之愿、立鸿鹄之志,为中华复兴而读书。高校需要通过发掘、锻造、推广好的教学模式,建设有质感的"金"课,在研究生课堂上用大哉之问,点燃思辨之火,开启大道之学。

二 产教融合的理念和机制有待转型完善

从"产业"与"教育"的关系来看,产业为教育的发展提供资金、场地等方面的帮扶,教育则为产业发展提供人才保障,双方各要素存在优势互补的可能,在共享共用各类资源育人、共同创新生产新知识、科技成果转化等方面有共性诉求与耦合点[①],能共同促进各自效益的最大化。但在人才培养的实践中,由于各环节对接不当,产教脱节、"两张皮"现象依然不同程度存在,校企合作实际成效不高,产业和企业融入教育缺乏内驱力,没有

---

① 谢笑珍:《"产教融合"机理及其机制设计路径研究》,《高等工程教育研究》2019年第5期。

使产教融合的工具理性和价值理性达到和谐并蓄。究其原因,产教融合协同培养的思维和机制还有待进一步转变完善。

(一) 融合思维转变难

尽管现阶段产教融合已经成为高校育人和产业发展的共识,得到了认可和关注,但在实际推动过程中,由于经济属性是"产"的本质属性,知识属性是"教"的本质属性,从根本上决定了两者的思维惯性、社会职能、价值导向、组织结构、运作方式和评价机制等各有特点,学校和企业秉承的传统思维、价值取向,积淀的组织文化,表达的利益诉求都不尽相同,导致融合效果不佳。高校固有的教育思维惯性导致重"教"轻"产",把企业当作帮助学生增强实践能力、提升就业率的辅助者;而企业固有的经济思维导致在合作中过于关注短期利益,忽略了长远发展,或因为未达到预期收益而降低了参与的积极性,这些都成为阻碍产教融合的重要因素。

(二) 融合机制突破难

产教融合需要跨部门合作,当前的配套制度重表轻里,尚待完善,还存在很多亟待强化的薄弱环节,各类保障性措施还有所欠缺。部分高校对现有文件的操作流于形式、执行力度不够,生产实践与专业教学的对接和设计不足;同时,一些企业由于政策支持不够或者过于功利主义而动力不足,对接渠道不畅通,产教融合政策执行效果不理想。

"产教融合"需要国家、政府、行业、企业、高校等多方在理念认识上高度统一,在实践行动上相互协调,根据国情校情探索特色新路,打破围墙同做科研、突破壁垒共兴产业,使"产""教"形成更加紧密的联盟和共同体,在双向奔赴的融合过程中交互赋能,最终实现双赢。

第三节 "四循环"人才培养模式的改革与实践

从新农村建设、精准扶贫到乡村振兴战略实施，国家高度重视农村产业发展。推动农业农村现代化，关键在科技、在人才。研究生教育是中国国民教育体系的最高层次，是教育、科技、人才三大强国战略的重要交汇点。华中农业大学动物科学、动物医学学院有畜牧学、兽医学两个国家"双一流"学科点，学科优势突出，特色鲜明。学校面向国家畜牧科技和现代畜牧行业的重大现实需求，聚力于产教深度融合，将科研和行业资源整合，把理论学习和实践锻炼结合起来；更迭育人理念，坚持研究生课程设置和论文选题产业化导向；改革育人模式，开展研究生育人理念和培养模式的改革探索，使研究生在干中学、在事中练，倾力培养能服务乡村、为畜牧业做出突出贡献的拔尖创新人才。

一 更新育人理念提升人才培养高度

畜牧研究生是畜牧行业领域的高层次人才，在促进行业产业升级、科技实力提升过程中能够发挥出巨大的作用，重视研究生拔尖创新人才的培养既是畜牧学科发展的内在要求，更是提升畜牧行业产业实力的核心动力。面对畜牧业研究生拔尖创新人才培养的迫切需求，华中农业大学动物科学、动物医学学院陈焕春院士带领团队锚定国家战略需求和畜牧业转型需要，把握我国畜牧行业产业的未来发展趋势，不断发展畜牧学科人才培养理念，坚持"四个面向"培育拔尖创新人才，始终追求让中国畜牧兽医科学、技术和产品在全球竞争中占据领先地位。

(一)"三创"育人理念奠定人才培养基础

为了推动畜牧业高层次拔尖创新人才培养,陈焕春院士提出,畜牧学科培养的人才必须能够立足中国养殖业实际,解决中国养殖业发展问题,并能够面向国际,熟悉掌握发达国家养殖业科技发展前沿,了解发展中国家养殖业发展现状,具备"创新、创造、创业"精神和能力。由此形成了"创新""创造""创业"相结合的"三创"育人理念。其中,"创新"是创新理论,创新知识,创新技术;"创造"是在创新的基础上创造新品种,创造新产品,创造新材料;"创业"既是"创新""创造"的桥梁,也是在两者基础上,积极创办新企业,形成新产业,带动传统产业升级。① 创新、创造、创业,在内涵上层层递进、在实践上步步提升,依托"三创"理念,学校持续开展畜牧学科研究生培养改革,将学科前沿和战略性高技术的进展纳入理论教学,夯实研究生理论基础;与企业紧密结合,根据行业发展的需求来培养研究生的创造力和创业精神,"三创"育人理念在畜牧、兽医两个学科的研究生人才培养方案中得到固化并贯穿在人才培养全过程,奠定了畜牧学科研究生拔尖创新人才培养的基础。

(二)"两家"育人理念提升人才培养高度

随着产业结构调整、行业技术升级,畜牧业在现代化过程中出现了生产效率低下、安全问题突出、环境污染严重等制约产业发展的三大难题,如何破解这三大难题,对畜牧研究生拔尖人才培养提出了新的要求。面对新时代、新形势、新要求,陈焕春院士意识到培养高素质的实践性专业人才的重要性,由此开始更新

---

① 夏静:《"三创"教育的开拓者》,《光明日报》2018年4月16日第8版。

研究生培养理念，在"三创"理念的基础上进一步适时提出"现代社会需求的是多样化的人才，结合了科学家与企业家的头脑，才能为社会作出更大的贡献，高层次拔尖创新人才需有科学家与企业家的头脑"，并形成"科学家+企业家"的"两家"育人理念。

在新一轮科技革命和产业变革重构世界经济版图的新形势下，我国畜牧产业作为国民经济的重要支柱产业，存在的科研成果转化效率不高、高端技术"卡脖子"等问题，需要科学家与企业家等领军人才携手破解，才能实现创新驱动。"科学家+企业家"人才就是具有企业家思维素养的科学家、具有科学家思维素养的企业家，意在培养兼具"开拓创新"科学家品质与"严谨务实"企业家品质的牧医领军人才，也成为学校畜牧领域研究生拔尖创新人才培养目标的具象化表达。

二 改革育人模式增强核心关键能力

面向新一轮畜牧科技革命和产业变革，学校在"两家"理念指导下，坚持特色引领，以机制变革为牵引，在"校企联合、科教融合、师生契合、知行耦合"基础上持续推进，逐渐形成了"四循环"研究生培养模式。通过建立以产业问题为导向的教学研究机制，形成"从产业中来+到产业中去"产教问题循环，研究生问题意识明显增强，实现95%以上选题源自生产实践；整合优化科教和行业资源，通过建立轮转实习机制，构建"国家级实验室+国际合作基地+行业龙头企业"平台轮训循环，将科研和行业资源转化为育人资源，研究生创新视野明显开阔；改革学位授予标准，通过完善成果转化激励机制，促进"学术论文+专利产品+技术服务"成果利用循环，打通科技成果转化"最后一公里",70%的转化经费再用于研究生培养;通过协同共育机制,形成"科研工作者+行业从业者"身份转换循环,研究生爱农兴农情怀明显增强,实现95%以上毕业生在畜牧行业就业。"四循环"模式培养有情怀、懂技术、会经营的畜牧行业人才,切实增强了人才培养与乡村产业发展的适应性和匹配度。

(一)"从产业中来+到产业中去"产教问题循环实现定位融合

1. 开展以产业问题为导向的课程改革

引导教师以培养"两家"人才为目标,主动将产业问题和教学内容对接,通过企业生产典型案例,将问题意识、科学精神、行业情感等内容有机融入课程,建成《动物科学前沿》《饲料加工及检测技术》《现代畜牧场规划与设计》《生态循环养殖专题》《智慧牧场》《畜牧机械与自动化》《种养结合原理与技术》《畜禽生态与环境控制》等专业课程。持续开展案例教学建设,将100个科研案例和100个创业案例建成教学案例库供教师授课使用。年均聘请30人次企业导师授课。实施产业问题导向的大单元教学设计改革,与企业专家合作,将研究生课堂搬到企业中,运用实地情景教学等多种教学形式,将科技前沿问题和行业需求问题融合到研究生课程学习中。如《规模化养殖场疫病综合防控技术》的实地教学在国家农业产业化重点龙头企业——湖北金林原种畜牧有限公司开展,研究生在了解饲料厂生产过程的同时,亲历行业难题。甚至在疫情时期也没有放松对实践教学的安排,学校与企业联合,以企业线上直播的方式开展了生动的"云实践课程",第一视角的直播实操、云端实践与线下授课的联动、详细幽默的讲解,激起大家浓厚的学习兴趣,带动了同学们的求知欲望,帮助同学们将课本知识与生产实践联系在一起。企业负责人和线下老师针对同学们观看过程中的专业问题、就业问题做了详细解答。企业负责人还随堂"打起了广告",吸引优秀毕业生到该公司就业,课堂气氛十分愉快。通过企业课程学习,研究生认识到自己是"卡脖子"问题情境中的"真实"角色,在直面"打造猪业'中国芯'""减少中国人畜共患病"难题的同时,厚植"人才立国、科技强国、产业兴国"家国情怀。

2. 建立以产业问题为核心的选题机制

持续修订研究生培养方案和管理细则,行业导师参与研究生开题报告选题把关,确立科研选题和培养方向;鼓励学术型研究生以行业发展、企业生产中的"卡脖子"问题为研究方向,开展原创性课题研究和实验;明确专业型研究生学位论文选题必须具有应用性;鼓励研究生以调研报告、案例分析、研究论文、病例分析报告等完成学位论文;研究生在企业学习过程中发现问题,从企业需求、行业痛点出发,以所学知识提出解决方案并验证,完成"从产业中来 + 到产业中去"的产教问题循环。此举有效提高了专业型研究生学位论文应用性选题比例,研究生为企业解决生产实践问题的能力明显提高。

3. 组建以产业问题为纽带的攻关团队

通过企业家进课堂、岗位科学家领衔师生企业行、国内外牧场实践、全国种猪拍卖暨学术交流会(21届)、全国猪病净化研讨会(20届)等交流活动,聚焦前沿问题、剖析产业问题、凝练科学问题,组建由学校导师、研究生和企业研究员等共同构成的联合攻关团队,如"智能养猪平台联合攻关项目"等。导师带领研究生入驻企业生产车间和研发中心、企业研究员带着问题走进高校课堂和科研实验室,攻关团队成员共同学习与生活,协同开展创新研究,交流互鉴,共克难题。

(二)"国家级实验室+行业龙头企业+国际合作基地"平台轮训循环实现空间融合

1. 依托国家级实验室开展科研训练

充分利用平台育人资源,采用轮转实习的方式开展实践教育。研究生100%进入"国家家畜工程技术研究中心"等7个国家级实验室,开展科研训练,在校内科教平台学习和实践时参加理论知识的周考;学习结束后,开展高频率的企业调研走访活动,进入广西扬翔股份有限公司、力源集团、牧原集团等企业近距离接触畜牧企业基层业务,坚定研究生投身农牧行业、为我国强农兴牧事业做出贡献的信念;100%专业学位研究生按专业学位研究生管理制度要求开展6—12个月专业实践,基于选题性质与研究需求,研究生被分派至不同的合作企业基地中进行长期的轮转实习,强化提升实践能力。

2. 依托行业龙头企业开展实践训练

学校与行业龙头企业共建25个研究生联合培养基地,通过不断完善共建共享机制,不断升级育人平台的合作广度和合作深度调动企业积极性,链接校内外科教平台与畜牧行业龙头公司构建发展共同体,在科产教大平台上形成人才培养、技术服务、科学研究等多领域、全方位的战略合作格局,为研究生轮转实习提供优良条件。如学校与扬翔公司的合作在13年中不断升级,从2009年双方签订产学研合作协议开始,2016年签订"'3028四块五'联合攻关项目协议",2017年签订"校企合作打造养猪3.0体系联合攻关合作协议",2020年签订"健康安全美味现代食品关键技术研发与推广合作协议",四次战略合作成效显著,建立了产教融合发展共同体,公司先后捐资6000余万元用于实践基地、创新研究院、院士工作站、博士后工作站扬翔分站、就业基地、生猪健康养殖协同创新中心等平台，形成畜牧高层次拔尖创新人才培养实验区。以"高级临床兽医创新班"为例，首期2020级创新班学生在龙头企业兽医总监、岗位科学家、DVM多方评选下，最终从197名兽医专硕新生中遴选20名进入创新班学习。创新班邀请校内外知名专家和美国临床兽医博士担任理论课主讲教师，构建"专业高阶课程＋管理应用课程＋学科交叉课程"课程体系，全面提升综合素养。设立300万元创新班专项奖学金，激励研究生开展生物安全体系构建、病因调查、确诊和流行病学前瞻性控制计划研究，开展规模化养殖场疫病净化方案等密切结合生产实际的轮转实践。同时，打破原有评价机制障碍，建立学位论文分类评价标准，兽医专硕研究生可以动物病例分析报告等形式完成学位论文，实现研究内容与学位授予创新成果要求相统一。该案例成功入选2019年全国"校企合作双百计划"典型案例。

3. 依托国际合作基地拓宽创新研究视野

参加国际学术会议更有利于拔尖创新人才成长[1]，学校先后同10余所境外畜牧兽医领域知名院校建立了实质性合作交流关系，与剑桥大学等共建19个国际合作基地，依托院校两级留学项目和科研合作项目资助100%博士生开展国际交流，并且个性化培养来华留学博士生；通过"111"引智基地项目，邀请了诺贝尔生理学奖获得者等823人次专家来讲学，举办了"中英动物高效养殖与疾病防控技术"国际研讨会等38次国际学术交流会议，不断给研究生创造开阔视野的条件和机会[2]。学校还通过主办One

---

[1] 耿有权、曹蕾、宛敏：《研究生管理者视角下拔尖创新人才培养研究——基于全国14所重点高校问卷调查分析》，《学位与研究生教育》2013年第2期。

[2] 侯顺、祁婧、彭贵青、赵书红：《"两家"融合"四循环"一体培养牧医领军人才的实践》，《学位与研究生教育》2023年第4期。

Health 世界青年兽医大会等学术交流活动，打造国际分享平台，促进兽医行业全球化交流，助力青年兽医人才的成长与发展。

华中农业大学丁一副教授是 2012 年首批中美合作培养 DVM 项目的留学生，2017 年获得美国明尼苏达大学兽医学院授予的美国执业兽医学博士学位，这是该大学 75 年来第一次授予外籍学生相关学位。丁一利用自身平台循环的经验和优势，回国后创新高级临床兽医研究培养新模式、在人才培养中取得佳绩，同时在宠物普通病的致病机制和药物创新方面屡见新突破，成果发表在肝病学顶级杂志。在平台循环中受益的还有青年英才刘小磊，2011 年他发现基因关联分析可使用的算法软件都是"舶来品"，于是主动申请到国外"回炉"深造，回国后创新育种新算法 KAML，打破了国外工具在该领域的垄断，其科研版被美国、加拿大等 50 余个国家使用。

（三）"学术论文 + 专利产品 + 技术服务"成果转换循环实现价值融合

1. 改革学位授予标准

坚持推进分类培养，修改研究生培养方案中的学位授予标准，从传统单一的研究性论文形式转变为新兽药等产品研发类、新品种选育等案例分析类、人畜共患病等病例分析类等多样化学位论文形式。要求学术论文必须针对产业问题展开，能指导产品研发，或形成专利产品，或用于技术服务。鼓励研究生在研究中再发现新的科学技术问题，形成创新源头。

2. 完善成果转化激励制度

以产业需求引领前沿技术和关键共性技术的成果转化和产业化应用成果转化，通过改革考核制度激发科研成果转化积极性，并将转化经费反馈用于研究生培养。2017 年 4 月，陈焕春院士把

100万元科技奖励作为"引子"资金，先后募集1700万元成立"焕春基金"，用于奖掖后学、培育"牧医新一代"。近五年成果转化1.5亿元，60%用于研究生培养。

大北农等知名企业设立50余项研究生奖学金，80%以上研究生受益。如，学校与校友企业武汉回盛生物科技股份有限公司共建研究院，在5年的发展计划中，回盛生物出资不少于1亿元，用于支持双方各项合作，其中1000万元用于支持学校事业发展。在大北农集团与华中农大签订的战略合作框架协议中，双方以10年为合作期，大北农集团每年向华中农大捐赠1000万元，设立"大北农公益基金"，奖励资助优秀科技成果、优秀师生以及支持学校事业发展等；双方计划在未来5年内共同筹措合作经费10亿元，用于联合科研攻关、海外高层次人才招募、人才联合培养以及乡村振兴战略实施等合作。

（四）"教研工作者+行业从业者"身份转换循环实现主体融合

1. 通过身份认同实现价值共生和发展成长

科技是第一生产力、人才是第一资源，只有人才能让科技变成企业"用得上""用得好"的生产力。20世纪90年代，猪伪狂犬病广泛发生，曾给我国养猪业带来巨大经济损失。华中农业大学陈焕春院士科研团队历时10年，研发出了猪伪狂犬病疫苗，但是由于企业缺乏相关生物制品的高级人才，在疫苗从实验室到企业生产的过程中出现了很多问题。如何解决畜牧产业科技、生产"两张皮"现象？陈焕春院士敏锐发现产教融合契机，带头推进科学研究和校企合作，带领团队于2001年以自主创新成果创办武汉科前生物股份有限公司，从科学家切换到企业家，实现了职业身份的兼顾。自创办以来，公司就建立起了以专家教授、博士生、硕士生为主的高水平研发技术队伍，凭借着强大的研发能力与国内大型养殖企业建立了长期的合作关系，研发的疫苗打破了国外垄断，实现了市场占有率第一，在培养人才的同时公司也成功上市，引领畜牧业创新发展。

彭健教授对猪进行了 30 余年的科学研究，她认为自己不仅是科学家，更是养猪人，作为养猪人，光发文章、拿专利是不够的，更需要把科技应用到产业上，真正促进产业发展。由此，彭健教授领导的"畜禽现代化饲养关键技术研发"项目组通过与自主创新的种猪大数据分析体系的整合，构建了母猪精准饲养体系，并创制了新型功能性纤维饲料，不仅在母猪精准饲养技术研发上取得重大突破，而且在与全国多家农牧龙头企业合作中，明显提高了存栏母猪有效产量。

"科研工作者 + 行业从业者"的身份转换让高校师生更了解企业的困难，更有责任和担当。学校先后派遣李家连、刘向东等老师深入广西扬翔集团，深度融入企业发展，两人分别成长为育种公司董事长和企业总裁。经历企业锻炼，他们既积累了丰富的实践经验，也深刻认识到行业对于人才的需求，通过返校授课和指导研究生解决生产实践问题，实现科学家与企业家双重身份循环。

2. 改革导师评聘制度

为了使师生了解行业，破解传统农牧教育中"行业认知不深、专业认同不够、知识体系不全、综合能力不强"难题，学院改革完善导师培训和评聘制度，越来越多的师生进入产业一线，也有越来越多的企业家走进高校课堂，担任学生企业班主任和产业导师。通过导师驻场制度，将驻场开展 6 个月一线产业实践作为新聘青年导师晋升、晋职条件，年均 15 位导师常驻企业解决生产问题；落实"双导师制"，129名企业高管作为行业导师参与研究生培养全过程，以工匠之师培养"工匠"，师生在一线组团开展"与企业同行"活动，带动企业和农户明显增收。

3. 设立精英再塑班

100余位企业家在职攻读博士学位，直接将企业生产问题带入教室和实验室，在完成学业的同时也助推了企业的发展。同时，还设立"扬翔班"等企业订单式联合培养研究生，单列指标，单独制订研究生培养方案。

三 收获丰富育人成果

（一）科研、行业精英频出

经过多年的研究生教育教学实践，毕业的1098名博士、3089名硕士中，90%以上毕业生一直奋斗在畜牧行业，毕业研究生获得国家杰青7人次，教育部国家级特聘教授3人次，四青人才18人次，取得800项行业内重要发明专利；毕业研究生在农业领域就业、创业热情高涨，创办100余家高新技术企业，产生了杨瑞生、施亮、陈俊海、陶一山、张卫元、詹志春、林印孙、周玉岩、刘超等一批知名企业家，为牧原、大北农、中粮、温氏、扬翔、新希望等龙头企业输送了一批领军人才。涌现出一批全国劳动模范、全国农村青年致富带头人、中国青年志愿者优秀个人、全国高校"百名研究生党员标兵"、牛顿奖学金获得者、居里夫人奖学金获得者等拔尖人才。如胡军博士获全国高校"百名研究生党员标兵"称号。毕业生热爱行业、能力突出，且对行业现状了解透彻，能够解决企业生产问题，深受业内好评。如：2007届硕士生孙伟创新种公牛培育技术，有效促进我国奶牛品种改良，获全国五一劳动奖章、"全国工人先锋号"称号；2009届毕业博士生马国剑将专业知识转化为行业新力量,成长为中粮集团育种总经理;毕业研究生郑培坤创办贵州思府农牧有限责任公司,一人带富9个村,2020年被评为"全国劳动模范"。毕业生徐高原担任动物疫苗研发总监,创制新兽药33项,助推武汉科前在科创板上市。

培养出的研究生在边疆和"一带一路"建设中也贡献了自己的力量。近5年,37人前往新疆、西藏等艰苦地区,扎根当地,服务地方经济建设,在边疆建设中贡献了华农力量。培养来华留学研究生141人次,提升了学校声誉度和国际影响力。如2014届毕业生巴基斯坦籍Hasan博士创建了巴基斯坦首个水牛IVF实验室,成功培育巴基斯坦第一例IVF沙希华犊牛,被誉为"巴基斯坦IVF先驱"[①]。

(二)教师育人能力明显提升

学校师资团队在教学相长中发展壮大,形成了我国兽医学首个国家自然科学基金委创新研究群体,13个部省级创新团队。先后获得"全国高校黄大年式教师团队""全国教育系统先进集体""全国先进基层党组织"等荣誉。获评"全国三八红旗手"1人,获颁"庆祝中华人民共和国成立70周年"纪念章6人。

学院引导专任教师以德立身、以德立学、以德施教,导师育人能力也得到明显提升,涌现出一批为党育人、为国育才的教师代表。如,赵俊龙教授坚持"慧学"育人,强调"会"教"会"学、"博"教"博"学、"慧"教"慧"学、教"会"学"会",倾力为培养学生、促进学生成长成才尽可能地创造条件。曹胜波教授继承发扬老一辈学人的育人理念和培养风格,强调在育人过

---

① 侯顺、祁婧、彭贵青、赵书红:《"两家"融合"四循环"一体培养牧医领军人才的实践》,《学位与研究生教育》2023年第4期。

程中的"年轻人要持续地脱颖而出",他指导的一批学生已经成长为青年学术骨干。赵书红教授坚持问题导向,持续攻关,研发出具有完全自主知识产权的液态芯片技术和基因组选择育种算法,打破国际专利壁垒,培养出李新云、刘小磊、谢胜松、赵云霞等一批年轻骨干教师和尹立林、付亮亮、付玉华等优秀博士研究生。

青年导师晏向华教授坚守育人初心,坚持"专心、专注、专业、专攻",把人才培养融入科技创新之中。在他的悉心指导下,博士研究生胡军获全国高校首届"百名研究生党员标兵",他指导的学生中有60余人次获得国家奖学金、省级校级优秀学位论文和企业奖学金等荣誉。

(三)形成了引领产业发展的创新成果

在产教融合育人过程中,一批引领产业发展的创新成果也频频产出,团队获得国家技术发明奖、科技进步奖为代表的奖项以及新兽药等创新专利。如金梅林院士多年来以产业发展中的重大问题为导向,从事人畜共患传染病流行病学、致病机制、新型疫苗与分子诊断制剂研究并取得丰硕成果,多项成果填补了国内外空白。获得国家科技进步二等奖3项(两项为第一完成人,一项第二完成人),获其他省部级科技奖励9项,2016年获何梁何利科学与技术进步奖,2017年获全国创新争先奖,2022年获"全国科技系统抗击新冠肺炎疫情先进个人"称号。猪功能基因组与育种研究全球领先,相关技术已被50多个国家的科研人员使用。2014届毕业生孙海清在扬翔公司从事饲料营养研发工作时,响应农业农村部"降低养殖成本和高效利用玉米饲用粮"的国家研究课题,通过调查母猪妊娠期的玉米消耗量与仔猪的健康关系,找到高效利用玉米饲用粮的数据,利用高粱和糙米等原料,作为玉米部分替代用粮,大力推进玉米高效利用行动。这一创新成果被中央广播电视总台大型系列纪录片《端牢中国饭碗》第六集《金玉满仓》详细报道,引发了行业改革。

(四) 探索出产教融合有效实施机制

通过"合作办学、合作育人、合作科研、合作推广、合作就业、合作发展"的管理机制,促进畜牧人才培养教学与实践相衔接。一是管理协商机制。共建校企合作领导小组、办公室、工作小组等管理运行机构,制定《华中农业大学人才改革班实习管理制度》,细化双方育人职责,明确经费投入、基地建设与管理、人员互聘、科技合作、成果使用等规定。二是合作共享机制。建立人才培养协同机制,共研培养方案、共建课程体系,共同拟定学生实习内容和计划、联合指导毕业论文和实习实践;建立合作开展科学研究、成果推广和技术培训机制,实现人员、场地、设备和材料等资源共享。三是考核激励机制。教师层面,将深入企业实践锻炼和指导学生实习列入教师晋升、晋职的必要条件;学生层面,将校外实习实践作为必修环节,设置环节学分,评选优秀实习团队,激励学生开展实习实践。

产教融合既是教育链、人才链、创新链、产业链有机衔接的发展方向,也是科研成果不断契合产业发展的有力抓手。针对畜牧"产教融合"育人困境,团队探索出"四循环"模式,使"产""教"形成实践共同体、平台共同体、价值共同体、发展共同体,提高了研究生拔尖创新人才培养的速度和能力。定位融合促进了实践共同体的形成,加深了教师对畜禽养殖产业生产一线的关注和理解,畅通了企业现实问题与科研问题的链接转换渠道;空间融合促进了平台共同体的形成,进一步丰富了育人资源,完善了学校办学条件,助推了企业发展;价值融合促进了价值共同体的形成，强化了学校、师生、企业、从业人员"强农兴农"的使命与担当和家国情怀；主体融合促进了发展共同体的形成，巩固了"双一流"学科优势，提升了学校科研水平和企业核心竞争力，激发了动物科学、动物医学专业学生学习内驱力。人才培养模式的改革使关键领域的人才培养不"掉链子"，行业企业发展才能不被"卡脖子"。

文化的形式是多样的，文化育人的规律却是可以追寻的，传承中华文脉、赓续精神，以文化人、以文育人，高校担当起时代使命，任重而道远。

主要参考文献

中文论文

陈权、温亚、施国洪：《拔尖创新人才内涵、特征及其测度：一个理论模型》，《科学管理研究》2015年第4期。

邓诣群：《鉴古容新：让耕读教育凸显时代价值》，《高等农业教育》2022年第5期。

丁俊萍、李庆：《20世纪五六十年代中国科学家精神及其价值》，《思想理论教育导刊》2020年第3期。

冯道杰、程恩富：《新时代科学家精神的养成探赜》，《上海交通大学学报》（哲学社会科学版）2022年第3期。

耿有权、曹蕾、宛敏：《研究生管理者视角下拔尖创新人才培养研究——基于全国14所重点高校问卷调查分析》，《学位与研究生教育》2013年第2期。

侯顺、祁婧、欧阳亦聃、张美冬：《文化引领的拔尖创新博士生培养探索与实践——以作物遗传改良国家重点实验室为例》，《学位与研究生教育》2021年第5期。

侯顺、祁婧、彭贵青、赵书红：《"两家"融合 "四循环"一体培养牧医领军人才的实践》，《学位与研究生教育》2023年第4期。

黄宝印、黄海军：《加快发展高质量研究生教育战略意义的认识与思考》，《中国高教研究》2020年第4期。

金锦华、李建伟：《科学家在大学生群体中的影响力与提升策略》，《学校党建与思想教育》2020年第2期。

雷金火、黄敏：《中国拔尖创新人才培养：实践、困境、优化——基于中国部分一流大学人才培养实践的研究》，《上海师范大学学报（哲学社会科学版）》2022年第4期。

李辰洋、魏俊琰：《意义、问题与路径：传统文化的现代化发展》，《文化与传播》2018年第2期。

李大鹏、刘震：《涉农高校实施耕读教育的路径探索与实践——以华中农业大学为例》，《中国民族教育》2022年第11期。

李贵安、杨博谛：《教育家型教师的内涵、素养与成长路径》，《现代教育管理》2023年第6期。

李睿婕、赵延东：《研究生对学术不端行为的态度、评价及其变化》，《学位与研究生教育》2019年第2期。

李双套：《传统文化现代化：何谓、为何与何为》，《江淮论坛》2019年第4期。

李益波：《"科学家精神"教育融入高校思想政治教育探析》，《北京教育（高教）》2020年第12期。

刘大卫、周辉：《中外高校产教融合模式比较研究》，《人民论坛》2022年第3期。

马永红、刘润泽、于苗苗：《我国产教融合培养专业学位研究生：内涵、类型及发展状况》，《学位与研究生教育》2021年第7期。

庞祎晔、孙洪锋：《新时代培育研究生科学家精神刍议》，《学校党建与思想教育》2023年第18期。

青平、吕叙杰：《新时代推进新农科建设的挑战、路径与思考》，《国家教育行政学院学报》2021 年第 3 期。

孙颖等：《博士生学术道德意识建构及学术道德教育的启示》，《教育科学》2015 年第 1 期。

唐瑶：《乡村振兴战略背景下高职院校学生农村就业意愿及其影响因素分析——基于湖南省的调查》，《安徽农业科学》2023 年第 10 期。

田仁来：《高校应如何弘扬新时代科学家精神研究》，《哈尔滨职业技术学院学报》2020 年第 5 期。

涂盛雪、孔燕：《论科学家精神与科技人才培养》，《江淮论坛》2022 年第 3 期。

万长松、程磊：《新时代中国特色科学家精神的传承与发展》，《河南师范大学学报》（哲学社会科学版）2022 年第 5 期。

王继军、王中庆：《博士生思想政治工作问题研究》，《山西高等学校社会科学学报》2015 年第 9 期。

王冀生：《大学文化的科学内涵》，《高等教育研究》2005 年第 10 期。

吴东姣等：《中国研究生社会主义核心价值观调查研究——全国 35 所高校 4476 份问卷数据分析》，《重庆大学学报》（社会科学版）2019 年第 1 期。

谢笑珍：《"产教融合"机理及其机制设计路径研究》，《高等工程教育研究》2019 年第 5 期。

徐阔：《助力乡村振兴的耕读教育：内涵理解、价值探讨及路径构想》，《内蒙古农业大学学报》（社会科学版）2022 年第 1 期。

杨淑新、韩玉：《产教融合及其相关概念辨析》，《职业教育研究》

2020 年第 8 期。

尹晓东：《博士研究生培养质量主要影响因素研究——基于重庆五所高校的实证分析》，博士学位论文，西南大学，2014 年。

余德刚、龚松柏：《论我国科学家精神的时代价值》，《毛泽东思想研究》2018 年第 6 期。

袁同凯、冯朝亮：《从耕读教育变迁看乡村教育的"位育"之道》，《原生态民族文化学刊》2022 年第 3 期。

张晨：《新时代涉农高校开展耕读教育的对策研究》，硕士学位论文，河南工业大学，2022 年。

张红霞：《博士生"三个意识"的养成与博士学位论文创新》，《中国高教研究》2020 年第 5 期。

张静、符丹：《农林院校研究生涉农领域就业选择及就业前景期望的研究》，《中国林业教育》2022 年第 2 期。

张锐、张彦：《科学家精神融入思政课程与课程思政：视位、要义与赋能》，《学校党建与思想教育》2023 年第 15 期。

张媛媛：《践行与弘扬科学家精神　着力加强基础研究——学习习近平总书记关于加强基础研究的重要论述》，《毛泽东邓小平理论研究》2020 年第 8 期。

赵志军：《农业起源研究的生物进化论视角——以稻作农业起源为例》，《考古》2023 年第 2 期。

周维维：《涉农高校加强耕读教育涵养"三农"情怀的实施路径研究》，《高等农业教育》2021 年第 5 期。

中文报纸

崔舰：《以耕读教育赋能"新农人"培养》，《吉林日报》2023 年 3 月 29 日第 6 版。

《习近平用新时代中国特色社会主义思想铸魂育人　贯彻党的教育方针落实立德树人根本任务》,《人民日报》2019年3月19日第1版。

夏静:《"三创"教育的开拓者》,《光明日报》2018年4月16日第8版。

谢笑珍:《产教融合:从概念改革到行动实施》,《光明日报》2019年8月13日第13版。

杨飒:《耕读教育,为"双减"注入新活力》,《光明日报》2022年10月4日第8版。

中文著作

(汉)刘向:《说苑校证》,向宗鲁校证,中华书局1987年版。

段玉裁:《说文解字注》,上海古籍出版社1981年版。

郭齐家:《中国教育思想史》,教育科学出版社1987年版。

教育大辞典编纂委员会编:《教育大辞典(第一卷)》,上海教育出版社1990年版。

路日亮主编:《现代化理论与中国现代化》,宁夏人民出版社2007年版。

阮元校刻:《十三经注疏》,中华书局1980年版。

王应麟:《困学纪闻·孟子》,上海古籍出版社2005年版。

习近平:《习近平总书记系列重要讲话读本》,学习出版社、人民出版社2016年版。

赵洪恩、李宝席主编:《中国传统文化通论》,人民出版社2003年版。

中国社会科学院语言研究所词典编辑室编:《现代汉语词典》,商务印书馆2008年版。

主要参考文献

中译著作

《马克思恩格斯全集》第42卷，中共中央马克思恩格斯列宁斯大林著作编译局编译，人民出版社1979年版。

网络文献

《国务院学位委员会 教育部关于印发〈专业学位研究生教育发展方案（2020—2025）〉的通知》，http：//www.moe.gov.cn/srcsite/A22/moe_826/202009/t20200930_492590.htm，2023年4月13日。

《教育部等部门关于进一步加强高校实践育人工作的若干意见》，http：//www.moe.edu.cn/publicfiles/business/htmlfiles/moe/s6870/201209/142870.html，2023年4月13日。

《教育部关于印发〈加强和改进涉农高校耕读教育工作方案〉的通知》，http：//www.moe.gov.cn/srcsite/A08/s7056/202109/t20210916_5637 19.html，2023年4月13日。

《教育部 国家发展改革委 财政部关于加快新时代研究生教育改革发展的意见》，http：//www.moe.gov.cn/srcsite/A22/s7065/202009/t20200921_489271.html，2023年4月13日。

林万龙：《新时代耕读教育的新内涵与新要求》，http：//nceaed.cau.edu.cn/art/2022/9/11/art_46806_879817.htm，2023年4月13日。

习近平：《决胜全面建成小康社会 夺取新时代中国特色社会主义伟大胜利——在中国共产党第十九次全国代表大会上的报告》，https：//www.gov.cn/zhuanti/2017-10/27/content_5234876.htm，2023年4月13日。

习近平：《在庆祝中国共产党成立100周年大会上的讲话》，https：//www.gov.cn/xinwen/2021-07/01/content_5621847.htm?eqid=b48bb010000347d200000005648591d5，2023年4月13日。

《中共中央办公厅 国务院办公厅印发〈关于加快推进乡村人才振兴的意见〉》，https：//www.gov.cn/zhengce/2021-02/23/content_5588496.htm，2023年4月13日。

《中共中央办公厅 国务院办公厅印发〈关于实施中华优秀传统文化传承发展工程的意见〉》，https：//www.gov.cn/zhengce/2017-01/25/content_5163472.htm，2023年4月13日。

《中共中央关于全面深化改革若干重大问题的决定》，http：//www.gov.cn/jrzg/2013-11/15/content_2528179.htm.2023年4月13日。

《中共中央关于深化文化体制改革推动社会主义文化大发展大繁荣若干重大问题的决定》，https：//www.gov.cn/govweb/jrzg/2011-10/25/content_1978202.htm，2023年4月13日。

《中共中央 国务院印发〈中国教育现代化2035〉》，http：//m.moe.gov.cn/jyb_xwfb/gzdt_gzdt/201902/t20190223_370857.html，2023年4月13日。

周玮：《激发传统文化新活力 描绘文脉传续新图景——中华优秀传统文化传承发展工程实施一周年巡礼》，https：//www.gov.cn/xinwen/2018-03/01/content_5269885.htm，2023年4月13日。